宇宙間慈悲的力量，感謝這一刻
全宇宙都在幫助我。
每一件事、每一個人、每一樣東西
都是另一個我，
在幫助這一刻的我覺醒。

愛得聰明，對我們都好

家庭、關係，與處世的智慧

Learn the Wisdom That Westes No Human Life

章成 ______ 著

目次

2 伴侶不是相絆 125

3 處世的遊戲三昧 187

1
家庭，是所可以畢業的學府

☆天下父母，其實也是會偏心
——通過親子的「因果纏繞」，你會收到一份生命大禮

每個小孩投胎來這個世界上，一開始，大部分的家長、長輩們，都是很歡喜、很疼愛的。可是隨著日久年深，卻會有這種情形發生：比如說，阿嬤就逐漸不喜歡某個孫子了，爸爸看到某個孩子也不再那麼開心了，甚至於會變成比較疼愛誰、比較忽略誰。

為什麼會這樣呢？這也是一種「因果纏繞」的現象（註1）。

親子也會不投緣？

人這一世來投生會選擇什麼樣的父母，主要是由「他需要形成什麼樣的肉體基因與家庭環境，才能夠去做這次的功課」而決定的（註2）。一開始大部分的父母親很喜歡小孩，是因為小孩子還比較「無念」、天真無邪。可是當他漸漸長大，小孩愈來愈多的「念」，就會從他基因帶來的性格裡面，逐漸浮出檯面；而這些「念」就會跟父母親或是某位長輩，開始產生互斥的狀況——也就是這個「因果的功課」便逐漸顯露了。

「互斥」的意思是什麼？就是這個孩子「會呈現出大人所忌諱的東西」。也就是說，孩子會呈現出父母或祖父母不喜歡的、或是害怕的某種元素——這些元素剛好是父親或母親，在他的靈魂功課上所不願意面對的部分。所以有互斥狀況產生的父母親或是長輩，就會逐漸不那麼喜歡這個小孩。

那麼長輩從小孩子幾歲開始，會出現跟孩子之間「不投緣」的現象呢？一般來說是孩子長到三歲到五歲的時候。

不過並不是長輩會很明顯地知道自己在孩子身上「看見了」什麼自己不願意面對的部分，而是在潛意識的層面——也就是我們說的「能量的層次」——他會從孩子的某些行為裡面去感覺到不舒服，所以就開始不喜歡這個孩子。例如這個小孩討愛的方式，其實母親的身上也有，但是她不喜歡自己這個部分，也不願意承認自己有；然而當孩子顯露出這種討愛的模式時，就會好像一面鏡子，把母親壓抑在潛意識的行為模式（心念）映照出來，於是她就產生出不舒服的情緒了。此時頭腦經常會迅速地替她找到合理化的理由，做媽媽的便可能當場對孩子兇了起來。

這個孩子面對媽媽突然間的情緒反應，等於接收到了一個對他強烈否定的訊息，他一方面覺得莫名其妙，但一方面也就會去壓抑這個部分，也開始去否認這個自己。可是其實他壓抑也沒有用，因為這是他基因裡面帶來的慣性，所以接下來他只是會發展出更多欺騙自己、包裝這個「本能」的「生存技巧」而已。然而這個母親總會一直在這個孩子的身上，嗅到她所討厭的氣味，所以她們之間互斥的課題，還是會一直衍生、變形下去。

「偏愛某個小孩」也是一樣的道理，只是反過來是：某個小孩身上反映出，父母在潛意識裡面渴望被認同，或「等於是在認同自己」的元素。但今天我們不著重在這一塊，雖然它一樣會產生出問題——它也是另一種因果的功課。

所以，如果有位母親有一個小孩展現出她想認同的那一塊，另一個小孩又剛好展現出她會批判的那一塊，那就會形成很明顯的所謂「偏心」的狀況。如果你的家庭沒有這種情形，你是比較幸福的，可是你就不能一直去主張「天下父母心」，或「每個小孩都是父母心中的寶」，因為有些家庭的父母，對待小孩真的是有很嚴重的「大小眼」情形，只是你沒有親自遇到。

然而還是要強調，這裡並不是在談誰對誰錯，因為父母也是人；每個人來投生，就會有自己的功課要面對，如果自己都還搞不定自己了，又怎麼期待他能愛得多完整？所以我們了解這些家庭裡的現象，是為了讓我們自己更有能力去穿越它。

親子的基因課題

在一個家庭裡面，父母親會喜歡什麼樣的孩子、討厭什麼樣的孩子，跟有些人認為的

「只要我做一個乖小孩、只要我像姊姊一樣成績好……就一定會被疼愛」其實是不一定相干的。例如你認為，做個乖巧伶俐的孩子就會得人疼，可是偏偏有的父母，他的潛意識就是很討厭「乖巧伶俐」這種個性。所以乖巧伶俐的孩子如果生在別的家庭，也許會被大加疼惜，可是遇到這個媽媽，偏偏就會被討厭，剛好狠狠地使喚他去當「灰姑娘」。

你還可以看到，離婚的夫妻裡面，小孩子也常會各有支持，會有一種「選邊站」的現象。例如姊姊會比較同情媽媽、責怪爸爸；弟弟卻比較同情爸爸、責怪媽媽。仔細去觀察，你就會看出這些孩子的先天氣質，有的跟媽媽比較像，有的跟爸爸比較像；而他們之所以覺得比較同情誰，其實就跟他們自己個性裡面，認同與排斥的東西是比較像媽媽、還是像爸爸有關。所以這些「選邊站」的選法，也暗示著，孩子透過父母的基因，今生所帶來的功課了！而這些功課，其實跟自己的父母親是有著同質性的。

這就是父母與子女間的「因果纏繞」。

有的人因為很討厭父母的某些價值觀或個性、作為，就認為：「我是跟我爸媽很不一樣的人，我絕不會像他們那樣。」其實這點你要保留點空間才好，通常當你結了婚以後，你的另一半會很能夠看出，你和你所討厭的爸媽之間，驚人的相似之處，可是他要是這麼說，一定會令你勃然大怒。

「你所討厭的，常常你自己也會有。」（註3）這是很多人都聽過的一句話。老師想告訴你，尤其在親子之間，這是準確度極高的。而如果你沒有深度地覺察到，你跟你所討厭的父母之間的同質性，通常你的親密關係也會有著一直喬不好的領域。所以如果你想改善你的伴侶關係，做這個功課就對了。

很多人從外相上看，確實會覺得某家的父母跟小孩，兩者做為差異非常大，看不出來他們有著「基因」所延續出來的同質性功課。

例如有的家庭，父母親很愛賭博、酗酒，小孩卻從小就乖乖地，很守本分地唸書；出了社會以後，也乖乖地去上班工作，看起來跟上一代完全是不一樣的。然而其實這個小孩卻有一些狀況是你看不到的，例如他很愛發呆作白日夢、一有壓力就會沉溺於打遊戲；對工作其實沒有熱情，也不知道自己的熱情在哪裡；很渴望獲得肯定，可是又有一種懶，讓他做什麼都會虎頭蛇尾，所以常常在空想可以一夕成名，或是突然間中樂透。其實這些不為人知的小小心念與習性，都跟那個愛賭博的媽媽或是酗酒逃避的爸爸，是異曲同工的。而他之所以能夠維持著每天按時從床上爬起來去上班，只是因為「面子」——很害怕他會變成別人眼中的廢物，會很丟臉——就像他所討厭的父親或母親那樣。

所以這個孩子很痛恨賭博、酗酒，甚至滴酒不沾、連撲克牌都不碰，那是因為站在做為子女的相對位置，他曾經有很深刻的受害感。可是其實他自己身上還是帶著和他的上一代相同的部分的——就是那個「不切實際、很想逃走」的基因課題。那這樣的「基因課題」

一旦進入伴侶關係，遇到有功課、有壓力的時候，他就會去逃避、閃躲，只顧自己；甚至當兩人的關係愈來愈沒有愛的流動以後，他會去尋找一份地下情，獲取暫時的解放。

所以父母與小孩雙方，其實是彼此的一面鏡子，可以給彼此很大的生命禮物。但是如果你遇到跟你的孩子互斥的部分的時候，你總是找很多理由去覺得傷心，或者對他生氣，那這個禮物就收不到了。只有當你用愛去對待他的時候，你才能夠看到自己的真相，然後你也就有機會，去跨越你的上一世所遺留給你自己的功課。

其實有些父母從對小孩的情緒裡面，是可以隱隱約約察覺到，自己生命中某些深藏的課題的；看到了之後，不知道怎麼處理的話，你是可以來上課或是來諮詢，而不要放著不管。因為你的家庭未來的興旺與否，與這個課題能否解開，其實是至為相關的。

終究，人際關係中的一加一，從來都沒有剛好等於二的。要不是穿越了功課變成了一加一大於二，就是沒做好功課、在互相抵銷下變成了小於二。大多數的家庭，本來都是在親朋好友的祝福下成立的。然而隨著時間，大部分的家庭卻也是一直在扣分，扣到最後就剩下一個習慣上的「睜一隻眼、閉一隻眼」，以及每個成員內心很多的將就與無奈；結果本來設定要做的功課，都沒有做到。

其實這就是你的人生在向下沉淪，只是你讓自己變得麻木而已。這個「向下沉淪」是因為，在家庭日常的相處中，你一直在產生疲憊感、壓抑感，逐漸去形成的；也就是，你的家庭能量運作起來，其實一直都很卡、很不順，可是你卻允許自己在這個最靠近你、最長期的親密關係中，任其失去愛的流動。

正視家庭的功課

現在你「家庭的能量」是好是壞呢？每個人如果願意誠實去感受，其實自己都會知道的。很多時候你其實是可以感覺到：在我跟孩子之間，或是我的小孩子本身，其實是有問題的，如果繼續這樣下去，以後是會不好的。那麼你是可以透過諮詢或上課，來突破這些盲點，找到會讓能量能夠不卡，能夠在家庭裡面流動得很好的方法。這樣的話，你會發現，你的某些壓抑就拿掉了，小孩子也過得更健康了。高靈說，那這也是另外一種「出家」。

這個「出家」的意思，是因為你們通過了自己的功課，而能夠重新真心去愛對方、為彼此祝福，不再從自己的業力投射，去牽制彼此的人生。當你們能夠成為對方的禮物、幫助對方更事半功倍地完成今生設定的靈魂功課時，你們就會變成彼此都會衷心感謝對方的「靈魂伴侶」。那麼這樣的親子關係，就會讓家道更加昌盛，遠遠超過雙方的先天命盤所設定的格局。

反過來說，沒有「有意識地」去做父母和子女之間的功課的父母，便常常會在小孩子長大到一個階段的時候（例如孩子去念大學、或是出國去留學時），有一天小孩子回到家裡來，父母親會突然感覺到：小孩子怎麼變成了「最熟悉的陌生人」了？有一種雖然熟悉、卻又好像有一堵隱形的牆分隔彼此的感覺——自己不再能夠知道他真正的心意，也彷彿沒有辦法去跨越這道牆了。

其實這就是因為，在彼此相處之間曾經有過很多「功課」，在發生的時候都沒有去做，導致很多東西早已經被壓抑下去，不再被正視，形成厚厚的隔閡了。

在看了這篇文章之後，有的人或許真的就會聯想起，在自己或別人的家族中感覺到的某種不和諧，有些拼圖好像就拼起來了；如果是這樣，那這表示你是比較敏銳的人。可是這份敏銳，是能夠帶給你更多智慧，讓你知道如何去創造一個更幸福的未來；還是這根敏銳的神經只是徒增你的掛念和負擔，甚至在夜深人靜時，變成你腦中的「跑馬燈」呢？如果是後者，其實你所敏感到的這些別人壓抑或隱藏的東西，已經變成是你自己的壓力了。這樣的人也建議你來上課，因為如果你其實常常會去受到別人的東西的影響，這樣的基因裡面，也就蘊藏著一些你前世今生的功課，以及未來會讓你不斷捲入人家因果裡的陷阱。如果你盡早開始學習智慧，更清楚怎麼把這份敏銳變成開創你人生的能力，那麼它反而是一份很棒的禮物了。

（註1）延伸閱讀：〈他好像很故意？談「因果纏繞」現象〉，參見本書P.233。

（註2）想更了解這個部分，可閱讀《地藏經：五濁惡世轉遍地寶藏，勝義般若經》，章成、M. FAN著，商周出版。

（註3）深度解惑，可聆聽YouTube「心的智慧」頻道影片《如何跟討厭的人相處？》。

☆感冒流鼻水，你是擤出來？還是吸回去？

秋冬到了，我們可以從「如何減輕感冒」裡面去學習智慧。

高靈說，當你感冒流鼻涕的時候，有鼻涕就要把它擤出來，不要吸回去。

有的人發現，怎麼鼻涕愈擤愈多？其實那是好事，那就是身體自己在「洗鼻子」，在把病菌排出。所以如果你感冒了，開始流鼻水，請不要怕麻煩，你要帶一包衛生紙，每每有鼻涕產生時，就趕快到合宜的地方去把它擤出來。不過有一個注意事項，就是要輕輕地擤，不可用力太猛。很多人因為擤鼻涕時太用力，導致鼻黏膜受損，反而讓更多的感冒病毒從破損處侵入身體，使得感冒症狀加重。

善用人體防禦機制

那為什麼不要把鼻涕吸回去呢？因為你阻止了「身體想要保護它自己，把病菌排出體外」的自然機制。按照身體的這些防禦機制，本來你的感冒可能兩三天就可以輕易戰勝病菌，恢復健康；可是當你把這些病菌一直吸回去，讓病菌軍團停留體內不斷繁衍坐大，那麼正在幫你消滅病菌的身體，便因為你的火上加油而陷入一場更艱難的戰役。於是你的感冒就變成要一個禮拜、甚至一個月方能痊癒了。

簡單說，把鼻涕從鼻咽管吸回去，你的上呼吸道就很容易因為大量病菌無法排出，持續感染而發炎得更厲害，讓病情加重。如果是動物的話，牠們一定會順其自然，就讓鼻涕流出來，就像牠們會隨地大小便一樣。可是人因為有很多場合，或是面子的顧慮，就會控制、甚至會倒吸回去。於是很多人本來只是一點小小的受涼、風寒，或只是輕微的細菌感染，可以很快康復的，結果卻演變成一場嚴重發炎的感冒。

這與女生容易尿道發炎，是一樣的道理。因為各種主客觀因素，女生比較會憋尿，那麼本來身體想要透過尿液排出的廢棄物及毒素，因為你常常不讓它排出，這些毒素就容易引起尿道或膀胱的過敏、感染和發炎。

所以只要是身體有自然而然要排出的東西，你都要想辦法讓它去排。如果能以這件事情為優先的話，那你的身體就會更少發生疾病，常保健康。而這個例子，高靈說，也就是「一念成佛、一念成魔」的身體版。

「一念成佛」就是你把鼻涕擤出來，你就加速療癒了，你就很快可以正常的生活、想吃想玩什麼都可以；「一念成魔」就是你把鼻涕吸進去，病菌就開始在你體內滋長、繁衍，於是各種更痛苦的病程就開始了，你就入了「感冒地獄」去了。這麼微小的一個習慣動作的差異，就能造成你是一年到頭常常住在天堂，還是常常跑去地獄。可是大部分的人都不知道這個「一念」的重要，甚至看不清楚自己的那「一念」是什麼？所以才要一直在地球輪迴，透過很多的痛苦，去慢慢地知道這些「因果關係」。

「把鼻涕擤出來」這個好習慣，還不只是可以避免感冒加重，甚至可以有「打預防針」的效果，讓你的免疫力提升。

因為當你允許身體把病菌隨著鼻涕排出，你就削弱了病菌在體內大量繁殖的進度，為身體爭取了更多時間，讓免疫系統來得及針對這些細菌去「更新版本」。也就是說，把鼻涕擤出來（甚至懂得在感冒初期，就主動地去「洗鼻子」），呼吸道就會只被少量的病毒入侵，那你不但不會有明顯的感冒症狀，可以如常的生活，還會讓身體透過這個「微感染」去「練兵」，進而讓免疫系統更強大了。「打預防針」的原理也就是這樣來的。

所以把鼻涕擤出來的這個正確的動作，甚至可以把「感冒病菌」的這塊「絆腳石」，變成了提升你身體健康的「墊腳石」。

不要抑制孩子維持自己平衡與健康的自然本能

從這裡，我們就可以延伸來談一點，父母教育孩子的智慧。

父母親如果希望小孩子能夠健康，你要教他的是知識，而不是只是跟前跟後，一直在命令他們要做什麼。很多父母每天花大量的時間在對孩子喊：「天氣涼了你不可以穿這麼少！」「你都流汗了衣服還不脫掉！」但是這些事情的原理，並沒有仔細說給孩子懂，那他就不會透過這些知識，去觀察更多的生活拼圖（看見一個動作與之後狀況的因果關係），慢慢累積成自己能夠去保護自己的「明白」。

就像為什麼有鼻涕、有痰，你就要排出來，盡量不要吸回去、吞下去？為什麼不要憋尿？這些原理你知道了，再加上你體驗過生病有多麼不舒服，那你就自動會去改變自己的行為了。

還有些父母親因為自己的成長過程，受到了很多嚴格或保守的對待，所以對於小孩的教育，變成了偏向於很多的「不可以」和「不行」。可是這些「不可以」和「不行」，無形中抑制了孩子身體與心靈上，維持自己平衡與健康的自然本能。當這些「不可以」內化成孩子的習慣動作以後，就會造成他一輩子的「系統衝突」，衍生出許許多多人生發展上的困難與痛苦。

例如說小孩子在外面流鼻涕了，有的父母親其實是因為愛面子，就一直幫孩子擦，甚至是直接說：「你這樣很醜耶！」那個嫌棄的能量從父母親這麼重要的「他者」來傳達，便給孩子植入了一個信念：「鼻涕流出來是很丟臉的。」於是以後只要一有鼻涕要流，孩子就會做出趕快吸回去的反射動作，結果他的呼吸系統就會很常出問題，卻總是找不到問題之所在。你看這樣一個錯誤的自我壓抑，將來他的一輩子要多受多少苦？

很多父母常常是為了面子、為了自己跟別人比較所產生的「必須」去教孩子，而不是用「心」去感覺孩子身體上、心靈上真實的需要，那麼那些教育方式就是「頭腦的」，也會造成孩子日後很多的問題。當然孩子的真實需要，要怎樣去跟周遭的環境取得融合，這確實是需要拿捏的。可是如果父母親沒有先尊重自然、了解自然的智慧，也會很難去掌握其中的中庸之道。

不要小看利己利他的小事

除此之外，父母自己是怎樣的處事心態，也會影響孩子日後會變成比較保守退縮，還是比較有能力面對問題、能夠照顧好自己的人。

例如很多大人自己也覺得外面的廁所很髒，能不上就不上。這種態度不自覺地也會影響孩子，讓孩子覺得外面的廁所「很可怕」，於是他在外面也會習慣性地憋尿憋便。可是這樣的限制就會讓身體的排泄系統無法正常的流動，讓孩子日後成為某些疾患的高危險群。

其實，怎麼做會更好呢？就是從大人自己先改變起。如果你進了廁間覺得它髒，你就練習主動把它做一些整理和擦拭，讓自己能夠安心地如廁。高靈說，當你可以這麼去做的時候，在你的體內就會開展出一種「勇者無懼」的精神，而你人生碰到其他狀況的時候，就會有一種可以「捲起袖子去面對」的能量。

所以如果你本來是看到很髒的廁所就不敢上，只能憋著離開的人，你可以挑戰自己看看，試著去整理一下那個廁所，然後讓自己可以好好地使用。那麼當你離開廁所的時候，再去看看自己的內心，你會感覺自己內心的能量，很明顯地是不同的。

心靈圈很多人都在追尋「生命的奇蹟」，他們常在問：「我要怎麼創造生命的奇蹟？」高靈說，其實這就是那個真正的「奇蹟」！因為神佛在講的奇蹟，正是自己可以創造的這些。

當你在生活的很多小事裡面，一直在跨越自己的「退卻」門檻，那麼你就是在把你這台電腦做「系統重組」，重組成更具有創造力的模式。那麼不管未來你從事何種行業、何種職位，這份正能量就能夠讓你將「舉一反三的能力」充分發揮出來。

此外，不要小看你做了主動整理廁所這件利己利他的小事，它是有它在宇宙間，善循環能量的蝴蝶效應的——這也就是所謂的福報。雖然說，因果不是那種「你整理乾淨了廁所，下次你就會用到乾淨的廁所」這麼直接的回饋，但是它的福報是會從生活中很多的面向，回流到你身上的。就像很多心存善念的人，也會有破財的時候，可是你會發現，這筆錢其實是有先發下來給你的，或者是會在其後補上，讓你剛好足夠支應這筆意外的開銷。

過去台灣曾有段時間，學校教育在提倡「日行一善」。高靈說：其實對別人的「日行一善」，就是對自己「日行百善」。因為在因果裡面，這個回饋機制是倍數的。所以為什麼有句話說「心存善念，福氣綿延」？因為「心存善念」正是宇宙間最厲害的奇蹟機制！所謂的「善念」，就是你願意用愛去創造、去改變當下的現狀。例如只是把一個比較髒的廁所整理一下，讓自己以及後來的人可以更舒適的使用，雖然這好像只是一件很小的善行，可是你在宇宙裡面已經種下了好多好多，會讓你將來的福氣發芽、開花的種子了。

而這樣的你，如果有小孩的話，你的孩子就會在你的行為舉止之間，感受到你散發出來的快樂與平和，感受到你遇到問題時的那份願意面對的勇敢與創造力。那麼這也會自動開啟他同樣的注意力焦點，常常去看見自己可以讓自己活得更好的、那個可能的角度。那麼，從你的身教裡，你已經送給他的人生一份最永久、最有幫助的禮物了。

☆不要養出一個啃老族，成為你一輩子的重擔

我們這個世代，出現了「啃老族」、「繭居族」這樣的一群年輕人，雖然每個時代也都有，但是現在這個時代，為數卻是愈來愈多。你知道為什麼嗎？其實答案很簡單，正是讓孩子往這個方向發展的父母，在這個時代也愈來愈多了。

但是有哪對父母故意要養出一個無法養活自己、甚至足不出戶的孩子，成為自己一輩子都必須背負的重擔呢？當然沒有。然而事情怎麼會變成這樣？其實關鍵的答案，高靈說，就在於你養的孩子有沒有「金錢觀念」。

你知道嗎？現在的小孩子，很多是沒有「金錢觀念」的。所以其實很多家庭裡的小孩，將來都是成為啃老族、繭居族的高危險群。但這裡說的金錢觀念，有更深層的意涵，不是表面上的會存錢、有理財觀念這些東西而已。

用另一種方式說，你的孩子對於金錢的「觀念」，會讓他將來出社會時，變成一個「長眼」的人，還是「不長眼」的人呢？你的孩子對於金錢的「觀念」，會讓他將來面對壓力時，變成一個能往前走的人，抑或是逃避開溜的人呢？

原來孩子的未來，跟他的「金錢觀念」這麼有關係！這就是今天要與你分享的人生智慧。

培養孩子的金錢觀念

人們常常認為，時代的觀念是一直在進步的，特別是對於小孩子的教育理念，更是新一代會比舊一代更有愛、更開明。然而在地球教室裡面的任何「理念」，其實都像太極的「黑」與「白」，如果沒有另一端去平衡它，你覺得再正確不過的，也會產生出始料未及的弊病。

現在年輕一代的台灣父母親，是在社會已經富裕起來的環境中成長的，他們講究生活品質、接收資訊廣泛、支持「愛的教育」以及「讓天賦自由」的理想。也就是說，年輕一輩的父母不管錢賺得多或少，對於孩子的教育，普遍希望可以盡量讓孩子快樂的成長，以及得到個人特質的開發。所以他們很樂意在這些方面投注較多的資源。可是如果以太極來比喻，這個「白」如果沒有另一個「黑」來平衡，你的孩子到後來出現的問題，會是讓你難以處理的。

想想看為什麼會有「富不過三代」這句話呢？在富有的基礎上被培育的下一代，為什麼不是更好，反而是一代不如一代，最後甚至會消蝕了這個富有？

就像有人雖然家境小康，可是也會省吃儉用，送孩子去上才藝班、夏令營，甚至是最符合時代潮流的說話課、小小理財班……這麼有眼界地在培育孩子，不就跟那些菁英家庭差不多了？你當然是希望，自己的孩子將來可以健康又優秀，出去社會更有競爭力；但你可能不知道，你也許已經在無形當中，培養出一個「假性的富二代」了。這個假性的富二代，家裡其實沒有真正的大財富可以當他的靠山，可是他卻對金錢，失去了「生存層面」的了解。

什麼是「生存層面的了解」呢？簡單說，就是體認到「金錢」這件事，其實蘊含著很多為了生存，所需要付出的辛苦、忍耐與學習。

有一個繭居族向他的母親要錢，他要買一個網購的東西。他的父親說：「除非你把你的函授課程通過，我才會給你買。」然後那個繭居的孩子就開始發飆，在房間裡摔椅子、摔桌子，氣憤的對雙親吼叫：「你們拒絕，其實是因為你們討厭我沒有出去工作。我沒有錢，你們就用錢來控制我……」

父親賺來的那份薪水，除了一半要繳房貸之外，還有其他的開支、修繕、需要預先準備起來的保費等等。這些要怎麼去分配、規劃，才能夠讓一個家可以順利的生存下去呢？甚至於怎麼刷卡會比較划算、哪裡的折價券比好用？一個家庭都是要這樣算來算去，才能夠經營下去的。可是這些事情，這孩子通通都不知道。他認為爸爸說「你要做這個，才能夠給你錢」叫做「用錢控制我」，可是，如果這叫做被錢控制，試問任何人為什麼不去對老闆吼叫同樣一句話呢？

因為那叫做「工作」，「工作」才能夠得到金錢。爸爸媽媽在外面也必須作老闆需要的事情，才能夠得到金錢，這不是叫做「人家用錢控制你」。應該是說，本來就沒有白拿的東西，社會、家庭要運轉，每個人都必須要有一定的付出。

雖然你的孩子不是繭居族，但是高靈說，台灣現在有很多在中間收入以下的家庭，就是必須這樣精打細算，才能夠生活的。可是他們的孩子，很多都並不知道父母親的辛苦，因為他們的父母親也在經濟起飛後的社會中長大，更懂得生活品質，也想要給孩子這樣的生活品質。所以無論有錢沒錢，還是很想要讓小孩快樂的長大，可以去挖掘出自己的興趣與天賦。因此他們多半不吝惜擠出金錢去讓小孩學這個、學那個、體驗這個、見聞那個……可是孩子就變成了，不知道「金錢」所蘊含的另一面的意義了：「金錢」必須是一個人在社會上工作時，遇到各種挑戰和壓力，他不能逃避，必須學習去克服、去超越，才可以擁有的。

所以現在的孩子，你若問他什麼是金錢，大多會告訴你：「錢好重要，有錢才能夠讓我買想買的東西、做想做的事情。」可是幾乎沒有孩子會這樣回答吧：「錢就是我必須去做別人希望我做的事情、在裡面學習忍耐與不逃避，把事情做好，才能夠得到的東西。」

你覺得沒有小孩子會這樣回答嗎？其實以前是很多的。在貧窮的年代，有許多孩子雖然要什麼沒什麼，可是當他看到父母親為了養活一家人，是如何艱辛、勤勞地在討生活，甚至他自己也要從很小就去幫忙賺錢養家。他就知道，為了存活，無論遇到什麼挫折、困難、限制，甚至是不合理的待遇，他都必須去適應、去克服，才能享受到完成工作、拿到一筆金錢的幸福。所以在貧窮的年代，在很多孩子心中的「金錢觀念」裡面，確實是包括著要辛勞、要流汗、要忍耐、要長眼的。

面對現實才有生存智慧

文章一開頭我們說：你的孩子對於金錢的「觀念」，會讓他將來出社會時，變成一個「長眼」的人，還是「不長眼」的人呢？你的孩子對於金錢的「觀念」，會讓他將來面對社會時，變成一個能往前走的人，抑或是逃避開溜的人呢？相信闡釋到此，你已經稍微了解到為什麼一開始即說，現在的孩子，其實很多是「沒有金錢觀念」的。

這一代的孩子的發展危機就是「眼高手低」。他們比以前貧窮年代的孩子，好像懂得更多知識、接觸過更多事物，可是有許多人（當然不是全部），當你放他們在實際生活去做人做事的時候，他們卻變成了最不長眼、又最不想付出的一群。

例如說，他們可以在父母親帶他到一些場合，跟親友一起吃飯的時候，只忙著低頭傳送**IG**和玩手遊，對於在座的所有人，包括辛苦工作在為他服務的服務生，完全視而不見。那麼他們雖然小小年紀就去過了東京、倫敦、莫斯科，可是一上桌就把所有人都給得罪光，自己卻不自知。

他們只被鼓勵著要去實現自我、發揮才藝，卻不知道將來出社會以後，要勝任一件工作的先決條件，是要能夠真的意會到，此刻是什麼場合？別人真正需要的是什麼？誰正在觀察他？潛規則又是什麼？於是他們往後進入職場，就可能連最基本的生存能力都沒有，既無法察言觀色，也總是輕率地就以自己的立場去看不慣人家，跟人家「合則來，不合則去」。所以雖然他覺得自己很行，卻不知道自己為什麼處處被打回票、處處踢到隱形鐵板，然後他就很自然地責怪他人、責怪公司、責怪體制……可是另一方面，他也就愈來愈想逃開、愈來愈不想去接觸這些人、事、物，那這不是培育出了「溫室裡的花朵」了嗎？

沒有父母想要把孩子培育成「溫室裡的花朵」，但是很多父母卻不自覺地正在這樣做。你送孩子去拉小提琴、送他出國遊學、送他學這個學那個。可是，這些所有的學習，都缺少了學習一種最重要的功課去平衡它，這個功課就是去讓孩子體會到，更完整意義的「金錢觀念」。

以前徵兵制還存在的時代，總說「男孩當兵之後才會真正成為男人」，還說「合理的是訓練，不合理的是磨練」。為何有這些說法？因為當兵的環境也就像現實的社會，你會看到有的人真的很混，卻只靠拍馬屁，就能生存得比你好；你會看到有的人就是比你有背景，所以可以得到涼缺；有的人脾氣大、腦筋笨，可是他偏偏就是你的學長、班長，可以罵你、指揮你、管你，你就是必須讓他開心……那在這裡面，你要怎麼生存？你要怎麼平安退伍？

甚至你要怎麼做還可以過得好一點，還可以有餘裕，在軍中繼續念你的托福、準備你的研究所考試？

當兵的人會知道面對這些現實，已經不是「對」與「錯」的問題，如果要生存得好，並且能夠為未來鋪路，就必須要去認清既存的規則與潛規則，在裡面想得遠一點、看得深一點、長眼一點、覺察一點；不可以衝動、不可以喪志、不可以據理力爭、但也不可以只是退縮；要有方法、要會靈活、要能忍耐、要善等待……所以當兵這種事情，好像很叢林、很生存遊戲，可是它卻可以讓一個一直在家庭、在學校被呵護著的學生，從溫室的小花變成具備「生存智慧」的社會人。

逃避讓面對壓力的能力萎縮

這樣說，並不是在推崇過去，而是在提醒我們大家，社會富裕之後所認為的「對的教育」裡面，也會有它的「偏」。現在因為很多父母親不知道有這個「偏」，所以所培養出來的小孩，已經愈來愈具有成為啃老族或繭居族的個性與特質了。

什麼是「具有成為啃老族或繭居族的個性與特質」呢？就是一遇到他討厭的、有壓力的、覺得會犧牲他喜歡的東西的事情，他就想要拒絕、躲避、拖延。因為他對於任何挑戰，都沒有「非面對不可」的理由。他心裡總有個潛在的靠山，在讓他這麼想：「反正家裡也很穩，我是絕對餓不死的，就算辭掉工作也不會怎麼樣，回家吃爸媽的頂多被唸，比待在這家公司好多了。」所以很多他該面對的問題、該學習去了解的事情，他就逃掉了，他就無法去做他人生該做的功課了。而就算先不講「人生功課」這個大議題，他至少就逃掉他面對社會該學的功課。

所以一個有大好前程的年輕人，為什麼最後會演變成足不出戶的繭居族呢？就是因為他覺得出去外面要跟人家面對面，會有很多狀況令他討厭；跟人實際相處在一起時，也總會有很多問題，於是每次經歷這些壓力的時候，他都是選擇逃避。那他在逃避，他自己知不知道？他知道，所以他也會愈來愈覺得自己是個沒有能力的人，同時也覺得外面的世界愈來愈可怕。在這樣的惡性循環裡面，他的心態就愈來愈退縮，愈來愈不去跟外界有真實的互動，最後終於成為了繭居族。

像在日本的新聞報導裡，有很多繭居族可以一窩在家裡就是二、三十年，而且真的打算一輩子這麼過下去，很多人聽了總覺得不可思議。其實他們真的覺得外面的世界很可怕，只要一出門碰到一點小小的狀況，他都會覺得壓力山大。這就是因為從小到大，只要遇到壓力他都是逃掉，而沒有透過面對這些壓力，去打破自己的既定觀念，學習如何處理與面對，讓自己的能力提升的緣故。於是隨著年紀漸長，他面對壓力的能力反而日漸萎縮，例如三十歲的時候，他面對壓力的能力已經退化到跟小學生一樣了。

現在這個現象，在台灣一般的大學生裡面，也看得到了。明明他已經十九、二十歲，開始出社會打工或工作，EQ卻像個小朋友一樣。當然他知道自己已經成年了，也要維持一個「像大人」的面子在那裡，可是實際上面對壓力的時候，他們內心真實的OS——那些心情和心態，其實根本跟國小學生是一樣的。所以當他們不喜歡現在的工作，可以沒有一句話，突然就不告而別，什麼手續都沒辦，人資怎麼摳電話他都不回。但是你不用覺得很誇張，也不要嘲笑他們，因為這些年輕人在做這份工作的期間，其實一直在累積他害怕和想逃的情緒，每天去上班的時候，心情都是很煩躁的。所以當隨便的「最後一根稻草」飄下來時，他就做出直接消失、無法再忍一秒鐘的行為。

成為繭居族的人，到後來心態還會更扭曲。當他沒能力到一個程度，開始覺得自己的人生很糟的時候，他會把他人生發展成：這樣的一切原因，都歸咎於父母親。也就是他不敢對外面的世界吭一聲氣，但所有的力氣就會開始拿來攻擊家裡面的人。高靈說，如果你們家有這樣的情形，你們家還會是得到癌症的高危險群，因為癌症就是自己的細胞在攻擊自己。

這是宇宙的那個「∞」的原理：你的外在生活是某個模式，那個互動的能量流回到你的內在，就會型塑你的身心，讓它也成為同樣的模式。所以對於家裡有繭居族的家庭而言，有的成員也會開始在身體上產生「自己人攻擊自己人」類型的疾病。於是不只是外在的生活是個地獄，連自己的身體也變成一座地獄了。

你們家的小孩子有沒有這樣子的跡象？父母是要去觀察的。而你也要知道，造成這種狀況，父母親自己的責任是最大的。也就是說，雖然你們家可能有一點錢，算是小康或中產階級的家庭，可是有了這些錢而不會正確使用，說不定反而害了自己，因為你們用錢在小孩子身上的方式，讓他們的能力萎縮了；而他們萎縮了，就會變成你們自己永遠的負擔。

深刻地體會「金錢」的意義

所以你要怎麼教育孩子呢？現在我們就要來平衡這個太極的黑與白了。

首先，你要讓他還在學的時候，就利用寒暑假去打工，賺取所有他在下學期，自己想要用於玩樂的零用錢；這樣他就會認識賺錢的辛苦，以及辛苦之後的甘甜。而這些他賺來的錢，你就要讓他自己有自由去規劃、去使用，那他就會開始有「金錢觀念」。並且他對父母親也會開始有同理心：「原來我的父母出去上班，也是這麼辛苦地在賺錢的。」他就會去反省自己以前對父母親的一些態度或想法，更了解父母親的心情，而這裡面就自然會開啟由衷的「感謝」與「反省」。

甚至於他就會對自己的未來想得更多：「那我如果說要讓父母供應我金錢，繼續唸上去，我的目的是什麼？我能不能對這個負責任呢？如果我不是真的很想要唸，只是想要先有一個假目標以後再說，那會不會到最後，根本浪費了這些時間和金錢？還是說，我應該想想自己真的比較想做什麼，也許不一定是唸書，但是我可以至少不要成為家裡面的負擔？」

其次，你要經常告訴他，等他出社會工作以後，他就要完全獨立，去負責自己生存、生活所要、所需的一切，父母親不會再有金錢上的供應。

那麼當他從學校畢業，不再升學，開始工作以後，所有他需要的食衣住行、娛樂、進修等等的費用，父母親就要讓他全部自己去賺取、去規劃、去負責。不要有那種「這個爸爸幫你出一半好了」、「那個媽媽先借你，等你賺錢再還我」等等的「心疼」和「心軟」。如果你有這個決心，事實上你會發現，你不會等到他畢業的那一刻，才突然把他「放生」。你會在他還在學的時候，就狠下心一步一步地推動他，讓你的孩子在對金錢有需要的時候，有機會體驗「當兵去」的壓力與成長。

也就是說，在孩子成長的過程中，有些金錢你會用來栽培他，有些金錢你卻會用來製造他被磨練的機會，然後你也會很早就告訴他，等到他工作的那一天起，你就不再給他金錢了。

如果你有這樣做，孩子其實是不會抗拒的，因為你的理念與作法是一貫的，並不是突然間一百八十度大轉彎，讓他沒有辦法準備。可是當你能夠這麼做，你的孩子就會在這些自己去賺錢的磨練之中，對「金錢」的意義有著很深刻、很豐富的體會。他會知道「一份薪水」

所包含的，是那麼地多；「一份生活」——即使是很簡單的——所包含的付出，也是那麼地多。

那麼你的孩子就會變得更成熟，他就會去開創他的未來，而不會變成啃老族或繭居族了。

怎麼踏踏實實生活？

其實，上「心靈成長課」的真義也是這樣，不是來這裡美美的清談高遠心境，老師要教你的就是如何去面對你人生有壓力的部分，用智慧去解開它、通過它。當你通過了以後，你就會有一種喜悅，這種喜悅就是像日劇在演的，主角在故事的最後一邊咬著飯糰，一邊流下眼淚的心情。為什麼會有那喜極而泣的眼淚呢？就是因為你知道，你終於穿越了自己的恐懼，勇敢地經歷了某些事情，你知道自己已經脫胎換骨了！所以即使是白飯，此刻吃起來卻是特別的香。

通過壓力而終於成長起來的感覺，是特別的踏實的。這個踏實是，你已經可以告訴自己說：「我知道我是有能力的，我行的！我是可以往前走的，我的未來是可以『不是夢』的！」

而真正的佛學，也就是在教你怎麼踏踏實實地生活，然後在踏踏實實的生活裡面去一直看見地獄和天堂；然後當你願意總是選擇往天堂的道路，去克服在你面前的功課，你就會逐漸累積智慧，開創出天堂般富貴的、又是利己利他的人生。

所以你不要一直睡著，去跟著這個社會的情緒走，或是跟著人家的價值觀去追逐，人家有什麼你也要有什麼。例如現在環島很酷，你就也要去環島；等一下當Youtuber很盛行，你就也想來拍個影片玩玩。人來地球上投生，不是為了沾沾這些東西的。人來地球上是為了面對你自己實際的問題，去處理和解決，然後一步一步讓智慧走上去。而當你有這樣一步一步走上去時，你會發現，你的內心有很扎實的喜悅、很深刻的開心。因為你會看到人生已經愈來愈沒有什麼可以讓你害怕、恐懼的東西，你已經愈來愈有能力去給你自己真實的幸福了。

走這條路所得到的大大小小的體會，都真的是大大小小的「開悟」！小的開悟，你就跟以前的你不會再一樣了；大的開悟，則會讓你成為所謂的「大師」，或是「活佛」，去引導更多人走向開悟。

最後做一個總結：

寒暑假期間，剛好可以讓父母親們思考與覺察：「我是用什麼樣的觀念來安排孩子的假期，以及怎樣去讓孩子使用金錢？」只要記得，隨著孩子年紀漸長，你一定要讓他逐漸學習「獨立」；而獨立最重要的部分，就是「金錢」的賺取與使用。所以還在學的時候，你就要讓他有多一點自己去賺錢的經驗，然後自己去決定這些金錢的運用。然後等到他出了社會，你就要讓他完全靠自己去賺錢、完全靠他自己去負擔他的生活。

就像老鷹將小鷹逐出巢去，逼迫小鷹去面對大自然，其實這才是成熟的愛。大自然會打雷，或許也會下雨，可是它才會讓小鷹體驗到，牠自己有能力自己飛翔的喜悅。

☆別這樣讓孩子過暑假！

——一念之轉，挖掘出孩子的特質

暑假到了，身為家長的你，要帶孩子去哪玩？其實，你的答案，暗藏了你會培育出什麼樣的孩子呢。

多樣化的接觸與刺激才能讓人成熟

很多家長安排孩子的假期的方式大約有以下兩種。

一種是例行公事般，到一些人擠人的旅遊景點去，雖然說也可能是小孩子的要求，可是很多時候也是圖個方便，譬如這些地方交通資訊明確，花費不高，設施足夠讓孩子「耗上一整天」等等。潛意識裡，家長是把讓孩子去玩，當做是一種無足輕重、卻不得不給的調劑，似乎對孩子真正有用的地方只有學校，所以帶孩子去玩以後，總不忘說：「帶你玩過了喔，那你就該好好用功讀書，努力下一學期的成績喔。」

另一種方式是開明的問小孩：「今年暑假你想去哪裡玩？爸媽可以帶你去一個你喜歡

的地方。」把選擇權交給孩子。可是孩子的經驗有限，講來講去通常都會受限在已有的經驗範圍，譬如孩子覺得某主題樂園很好玩，就會告訴你他想再去，然後父母就帶他去了，果真孩子玩得很開心，家長就覺得「大功告成」了。甚至現在有很多孩子會說，那我可不可以哪裡都不要去，換成讓我每天玩線上遊戲兩小時，或買一個手機給我，這是我暑假真正想要的東西嘛！有些父母也就覺得沒什麼不對，既然要犒賞小孩，當然是要用他真的喜歡的方式。

可是其實上面這兩種處理方式都造成了一個問題，就是：做家長的人沒有辦法從孩子的假期裡去發現孩子的天賦與特質。

現在很多父母都開始知道，了解孩子的特質、栽培他的天賦，才能事半功倍，可是台灣的家長，沒有幾個人清楚自己的孩子有什麼特質的。你隨便一問，十個家長裡面有九個會說：「你們專家都說要觀察小孩喜歡做的事，從裡面可以發覺孩子的特質，可是我家的小孩就是喜歡動漫啊、線上遊戲啊！我看他一有空就是玩這些，這是什麼特質？」言下之意好像：「小孩就是愛玩呀，哪裡看得出什麼特質？」可是這些家長們卻沒有想過，如果孩子的生活選項被壓縮成，除了學校課業之外，剩餘的時間只能選擇「墾丁」、「劍湖山」、「買一個玩具」或「玩三小時線上遊戲」這些選項，孩子當然就會變成你所看到的那樣。這種情形完全就像你家裡養了一隻寵物貓，一輩子你只給牠吃鮪魚口味和雞肉口味的罐頭，然後逢年過節，就都用貓草來犒賞牠（「貓草」是寵物店裡面買來現成的東西），於是人家問你家的貓最喜歡吃什麼？你就會說：「貓草。」這完全是一樣的道理。

台灣的父母是不是有一種慣性思惟呢？覺得孩子只會對線上遊戲、對冰淇淋、對游泳、對主題樂園有興趣，所以要讓他們放假玩樂很簡單，給他們這些東西就好了。所以其實，台灣的孩子接觸面是很小的，而一旦他們的選項很有限，你就看不出他有什麼特別，因為，孩子的特質是什麼，是需要在他們的成長過程中，有多樣化的接觸與刺激，才能從中漸漸被意識出來的。

這道理跟談戀愛是一樣的，真正交往過很多對象的人，雖然每一次戀情都沒有修成正果，卻會在其中逐漸認識真正的自己，也會愈來愈明白自己真正喜歡的是什麼，這就是一種成熟的過程。反之你看，只要愈沒有戀愛經驗的女孩，多半都會說出喜歡「帥氣、高挑、溫柔又體貼的男子」，基本上就是典型的偶像明星類型，變成好像所有女孩都一樣。所以現在很多家長都說：「我的小孩最愛的就是動漫和線上遊戲。」其實，是因為父母提供給孩子的玩樂世界，就只剩下這些選項而已。

用「玩樂」開發潛能與特質

大人自己也是這樣，你問他休閒的時候實際上在做什麼？十個裡面有八個都會說：看電視、睡覺、跟朋友喝下午茶。很多大人也覺得自己很平凡，好像沒有什麼個人天賦和特質，為什麼呢？正是因為我們也是這樣被教養長大的——給自己的文化刺激和接觸面太少了。

我的另一半M先生，最近接了一個室內設計的案子，跟業主洽談的時候，女主人說孩子的房間得尊重孩子的意見，希望M能跟小孩子親自溝通，同時不忘叮嚀說，自己覺得孩子有公主病，意見比較多，希望多多包涵。

可是當M和孩子討論房間設計時，發現這個孩子不是公主病，因為她小小年紀就到過很多國家，看過很多東西，所以她能侃侃而談，說出自己要的是什麼格調、什麼感覺的房間。從小父母帶她到處去旅行，也去了好多個不同國家，她能分辨不同的風格給自己有什麼不同的感受，所以她會有自己的意見。從這裡可以看出來，這個從小旅行的孩子，也許記不得那些地理知識，但她卻變成一個比同齡的孩子有想法、更清楚自己要什麼的人。

以往真的很多父母都認為帶太小的孩子出國是白花錢，甚至覺得國小以下的孩子只想玩，又不懂欣賞風景，大費周章出國沒有必要。不過，這幾年我和M先生在京都，卻常常看到有台灣的年輕父母，帶著還在坐娃娃車的孩子在旅行，明顯感覺到新世代的想法改變了。

當然，拓展孩子的接觸面不一定要出國，在台灣也可以，重點是，我們要重新看待「休閒活動」這回事。「休閒活動」並不是「正經事做完之後的調劑」，所以只要快樂就好；如果這樣的話，有的人一下班的休閒活動，一輩子就是打麻將或喝酒，你覺得如何呢？事實上「玩樂」是開發一個人的潛能與特質最有可能的場域。

歐美的父母認為孩子的休閒活動是個「體驗人生」的機會，所以他們一開始在安排孩子的假期活動時，就很自然的帶有「讓他們玩玩不同事物」的想法，去跟孩子討論假期。也許去年他們到森林裡蓋了樹屋，今年就是去某個礁岩學學潛水，就算不想跑得太遠，也會思考怎樣來點不同的嘗試。這跟台灣很多家長，每年暑假就是「帶你到劍湖山大玩一天」、「到墾丁去玩水三天」是不一樣的。而他們在這麼多不同的活動中，透過孩子的表現和反應，漸漸就容易察覺出自己孩子的天分與個人特質了。

相信嗎？不只是對小孩，如果你也能這樣對待自己，好好規劃休閒時光，給自己更多樣化的接觸面、更多樣化的體驗與嘗試，那麼，你會從中挖掘出一個不平凡的自己。

☆移動，打造出聰明的孩子

對於孩子寒暑假的安排，怎麼做最好？如果你按照馬上要教給你這個的方法，善用孩子每次的寒暑假時光，你將可以培育出一個聰慧過人的孩子。

擴展接觸面，內心空間也會擴大

高靈說，孩子的寒暑假，與其讓他大部分都待在一個地方，倒不如安排他到處去移動，尤其是，讓他常常移動到陌生的環境與群體裡面去。

因為當孩子到處去移動的時候，每到一個陌生的環境，他就必須要去了解，以及幫助自己解決問題。這時候他的五感就會格外打開，他會比平時更注意地用眼睛去看、用耳朵去聽、用手去觸摸、用嘴巴或肢體去溝通……這樣他的身心就會更深刻地去記憶這些經歷的當下，而有一種比頭腦的學習，更滲進內在的「覺醒」。而這種「覺醒」其實就是「聰慧」的本體。

也就是說，當你利用寒暑假，盡量讓孩子去增加「到處移動」的經驗的時候，他的內心就會在很多跟自己的認知有差異的經驗裡，有更多的空間出來。並且因為接觸面增加了，對於原本無感的事情，他也會有更多想法跑出來。而「內心的空間更大」與「可以有更多的想法出來」，就是更有「覺」知的 。高靈說，家長如果能夠把小孩子內心的「覺」引發出來，他就會變得更聰明、更有智慧。

也就是說，「移動」可以使孩子比同年紀的人更早「開竅」。

你看一個班級裡面，比較笨的學生通常都是縮在一個角落、害怕外界的變化、有問題也不知道該怎麼辦。可是如果你能夠帶著他到各地移動、經驗，他也很快會發現，班上同學每天所講的那些事情，或是他一直在在乎的焦點，放在這個世界上其實就只是一個很小的切片，他對人生更多可能性的思考就會跑出來。

這也像一般人每天回到家，如果就是坐在沙發上看那些八點檔連續劇，都沒有去接觸更大的、更陌生的世界，那他的情緒和觀念，就會被那個小小的電視機所控制。也就是說，到底是他在看電視娛樂？還是他根本就是被人家製造出來的娛樂消費呢？高靈說，其實固定守在電視機前面的人，大部分都是「睡著的」。那麼同樣的，如果你一直在同一家公司上班、一直在同一個地方生活，所謂的「不是在辦公室就是在家裡」，你其實也很容易被固定的習慣、規定、觀念給催眠，你也很容易是「睡著的」。

所以要開啟小孩子的智慧，一個很簡單的方式，就是讓他常常移動——尤其是增加他移動到陌生環境的經驗。而且，高靈說，最好父母親不要在裡面陪同參與，而要盡量讓他獨立去經歷，只要在事後跟他交流、事後陪他去整理就好。當然如果孩子的年紀還很幼小，父母是需要陪同的，但是在陪同的時候，你就要在可以觀護的到的範圍內，盡量放手讓他去經歷那些新經驗，讓他獨立的探索，這樣他的五感才會更打開，所開啟的覺醒才會更深刻。

「移動」磨練出讀書所沒提供的能力

經常有移動到陌生環境的經驗（包括跟不同的人事物共處）的孩子，因為很多事情他必須自己來，這就會開啟他「有覺」的習慣，讓他變得更加「耳聰目明」。然後他也會在這些「自己來、自己做」裡面，明白很多平常父母已經替他完成的事情；例如洗衣服、做飯、交通接送……這些事情裡面，竟然有這麼多他不懂得的學問和辛勞，他也就更懂得體貼和感謝。但收穫還不止於此，經歷了一個寒暑假的移動回來，也會有一些事情，便會引發了他以前所沒有的興趣，於是開學以後，他每天下課回到家裡面，就不會只有滑手機和看書這兩個選項，他會開始有更多的事情想去繼續探索。

例如就算他還是很喜歡滑手機，可是當他在寒暑假有常常出去移動的經驗之後，他的接觸面多了，他就會發現，網路上有很多知識和資訊，以前他根本不感興趣，或覺得跟自己完全沒有關係，現在卻會覺得這些東西很有用，值得去關心了。例如時差怎麼調整？生理時鐘是怎麼回事？為什麼有些東西在某些地方買，價錢會差這麼多？到一個觀光地，怎麼樣看出誰是扒手？

那他就會發現，手機裡面不只有遊戲，還有很多很多東西，是可以給他更多的工具與能力，讓他在現實生活裡可以更順利地去解決問題，擁有更大的行動自由度的。所以他滑手機的時候，就不再只是玩遊戲或是追星，而會自然地增加利用手機來學習有用知識的時間比例，讓自己成為跟上時代的「千里眼、順風耳」。

不像三十幾年前的人，可能一直要到大學畢業、甚至是出了社會才可以開始出國。現在廉航非常的盛行，網路資訊又很方便獲取，所以這一代的孩子，甚至高中、大學就已經有人可以出國去自助旅行了。雖然這還不是多數，通常是家庭環境稍微好一點的小孩才可以，但是你可以去觀察，這些有在跑來跑去的小孩，他們通常比其他同年齡的孩子，更加聰明伶俐。

有的學生出國自助旅行一、兩次以後，已經可以每年寒暑假自己安排出國計畫，去看他有興趣的東西，去觀摩他想要發展的領域了。而因為是花比平常更多的錢出去的（包括自己辛苦打工賺來的零用錢），所以他們事先就會做足功課，給自己安排他覺得最值得看、最頂尖的東西。於是在他所喜歡的領域裡面，他的素質與視野就一直在加速提升。而為了還可以再出國玩，有些學生甚至還會從國外帶一堆東西回來做網購、代購，把他花掉的旅費又賺回來。

所以這些這麼早就在到處跑、到處看的孩子，他們就會從「移動」所衍生出的各種學習中，磨練出光憑讀書沒有辦法給他的能力。例如這個東西為什麼會大流行？流行週期可能會有多長？東西的品質差異在哪裡？要怎麼刷卡才會划算……等。在他們的到處移動裡面，其實就有數學、地理、歷史、美學、設計，甚至社會學、心理學、政治學……這些學習在裡面了。但這是從他實際的移動經驗與需求裡面去產生出來的學習，是可以應用在生活中的學問，而不是為了分數去死記硬背，考後就忘得一乾二淨的東西。

「山不轉路轉」是創造力的展現

接下來，還有一個重點：這些常常跑來跑去的孩子，也會從這些移動所帶來的經驗裡面，比同齡的人更容易意識到，自己真正的興趣與天分是在哪裡。

例如他也許就會發現，自己怎麼拍回來的相片都是各種店家的櫥窗設計，或是特別喜歡聽人家爭論文化差異，或是對做生意的商業心理愈來愈想找書來看，或是對於各國的國情法律會一直上網去搜尋更多訊息……他就從自己的這些行為和欲望裡面，去察覺到自己的興趣傾向了。然後他也會在許許多多必須幫助自己或團體解決問題的經驗裡，發現自己的人格特質是什麼？優缺點在哪裡？比如自己很善於溝通協調，卻缺乏領導承擔？還是很擅長蒐集資訊，卻拙於分析表達？這些經驗都是深刻而具體的，所以他就會更知道自己該投入哪些領域的學習，才能滿足他自己的想要與需要。如此一來，他不但不會覺得學習是一件枯燥的事，還會覺得很有方向感，因此學得比任何人都好。

其實這個道理，不管小孩或大人，都是適用的。有實際去「遇到自己喜歡的東西、遇到自己的需求」之後的學習，都會讓人更有動力與方向，因此這樣的學習，就會比別人更加地事半功倍。

反之，當一個孩子缺少實際移動、缺少實際去面對陌生環境的經驗，他就會覺得「考試不考的東西何必學」，他就覺得洗衣服、買日用品這些事都很瑣碎沒有營養。更糟的是，因為他沒有很多實際移動、實際經歷的經驗，就很難真的從心裡面產生出「他的人生以後想要去做什麼事、想要往哪裡去」的觸動。所以他的想法和志向，其實都是從「頭腦」來的——也就是一種去模仿目前流行的價值觀，或跟班上同學比較而來的「假志向」。這樣的「假志向」是不會把他的潛能激發出來的，他就會變成「看不見自己真正想做的事，只看見他所羨慕的人」，然後對照起來，總覺得自己很平庸。

很多人都覺得自己很平庸，不能如同他們所羨慕的人那樣。其實所謂的「平庸」，就是沒有辦法展現出創造力，可是創造力要怎麼培養呢？其實是可以的，但是跟許多人想的不一樣。

很多人講到「創造力」，想到的都是「天馬行空」的想像能力，其實這只說對了很小的一部分。現實生活總是充滿重重限制的，這對大人小孩都一樣。要在重重限制裡面還能夠「山不轉路轉」，找到資源與出口去達成當初的「天馬行空」，這才是更圓滿的「創造力」的展現。所以如果你把孩子放在溫室裡面去「玩創造力」，又盡是給予誇獎和讚賞，那麼他其實更可能形成一種眼高手低的個性，變成自我感覺太過良好，以後到社會上去，就會變成一直去踢到鐵板，充滿挫敗。所以在啟發孩子的「創造力」的過程裡面，父母必須知道如何去拿捏與平衡，而這個平衡，就是你要讓他走出溫室，在實際的移動裡面去開啟他「山不轉路轉」的能力。

面對陌生的環境，人一開始都會害怕、會恐懼，可是他同時也就在學習怎麼樣勇敢、怎麼樣去跨越他原先的自我設限。當他在裡面實際經驗到「柳暗花明又一村」的時候，他就會深刻地知道說，其實很多事都不用先把它想得那麼複雜、那麼困難；很多時候只要往前走，遇到什麼問題就去想辦法解決，到後來就會水到渠成的。那麼當一個孩子（也包括一個成人）開始有這種「感覺」的時候，他就很容易有創造力。

自己給自己自由

人為什麼要有這個身體來輪迴，其實也是同樣的道理。輪迴也是個讓你在地球教室「不斷地移動」的歷程。透過眾多的「有你有我」、「有不同的相對立場」的際遇，去挑戰我們靈魂裡面的自我設限，讓我們能夠釋放自己，變得更具有「自己給自己自由」的能力，那這也就是所謂的「覺醒的創造力」。然後到最後，當你已經打破了所有觀念的限制，由悲轉慈，連輪迴的限制也打破了，你就從地球教室畢業了。那麼真正說起來，這個路徑才叫做「學佛」。

有的人在成長的過程裡面，做什麼事都畏畏縮縮，然後你看他後來就會是一事無成。為什麼呢？因為他要做什麼事的時候，都是「想太多」又不去做，然後人生就很卡。卡到最後，就想找看看有沒有什麼最安全的地方可以去窩、有什麼靠山可以去抓，然後他們就想在裡面尸位素餐，還變得很官僚。那可以很官僚的人還是機遇比較好的，機遇不好的就變成每天喝酒、打電動、當鍵盤酸民到處去批評罵人，只求個「爽」字。其實他整個人生就是放棄掉了。這樣的人活到愈老，就會愈害怕無常，愈害怕死亡；所以他本來什麼都不信的，最後也開始跑去唸佛、唸經。其實，這根本浪費了佛法，因為佛法是要學習佛的智慧，是要變成自己能夠發光的。

所以學佛的人真正要修行，你也要盡量地多去增加「移動」的經驗。尤其是現在的時代，人員的流動性已經是全球化的，所以，很多能移動的人都在快速地進步，變得更有能力與視野，同時也能覺察出下一波能賺錢的浪頭，所以這也是社會一直走向M型化的原因之一

（註）。因此你既然投生在這個時代，一味強調小確幸的話，你只會繼續被別人自然而然地踩踏下去而已（不是人家故意要踩你，是機會都自然送到別人那裡去了）。

如果你目前移動的能力有限，那麼你至少可以讓自己撥出時間來跟著老師上課，常常聆聽高靈的訊息，藉助更高的智慧來打開你的觀念、拉高你的視野，讓你慢慢地變得豐盛而更有餘裕，那麼你也會愈來愈有金錢和移動的自由了！這至少是你現在可以做得到的自我投資。

最後做一個總結：

要培養出一個聰慧的小孩，父母就要讓孩子常常去移動、比較常去面對陌生環境，這樣他是比較早會「開竅」的。而所謂的「開竅」，也就是開啟智慧，變得善於察覺與思考；也就是他將會變得更獨立、更知道自己要做什麼，以及什麼時候該做什麼。

那麼基於這樣的原理，怎麼樣安排孩子的寒暑假，可以讓孩子開始朝著這個方向去成長呢？相信你已經知道如何去做了。

（註）可以延伸閱讀〈知識上的貧富差距，是你在未來世界的成敗關鍵〉，參見《讓我的功課，變成我的精采》，章成著，商周出版。

☆為什麼你給孩子最好的，他卻要去闖禍？

藝人狄鶯的小孩的事件，引發許多人探討把小孩子送到國外讀書的利弊。這些年紀很輕的留學生出去以後，好像不是大好就是大壞，其中關鍵的因素究竟是什麼？

很多家長都很捨得給孩子最好的，而且也並沒有給他們很多壓力和要求，為什麼孩子出國去了竟然會變壞呢？這些富裕家庭中親子教育的疑難，其實裡面也深藏著人生的大智慧，值得我們從中了解、學習。

不要把在熱帶生長的花朵直接移到寒帶裡

人因為離開舒適圈而產生適應的問題，是無論在哪一個人生階段都會有的。可是對於年紀很輕就被送出國唸書的孩子們而言，卻可能會是衝擊很大的大事，原因是：他們在台灣的時候，大多都是被照顧得很好的，送他們出國唸書，其實是有點像以前送孩子去當兵一樣，他們突然間就要離鄉背井去面對完全陌生的新環境，以及面對寄人籬下的各種壓力和問題。

然而，這些卻不是「已經當大人很久了」的父母親能夠充分體會的，更有不少父母親總是想著：「我給你們的都是最好的。」「那些我去拜託的叔叔阿姨都會幫著你的……」所以輕忽了孩子適應問題的難度。很多人只會跟孩子說：「你要好好努力啊！」、「你可以的！」、「你就要跟著人家學、看人家怎麼做啊！」等等，可是孩子的內心卻在那樣的生活裡開始烙印下許多傷痕。

其實能被送出國唸書的小孩，家境多半都比一般人富裕，他們之中，許多人從小就感覺父母都很忙，沒有太多時間陪他們，所以成長過程中比較少感受到親子之間的那份親密感。可是另外一方面，他們從小就看到，自己擁有的一切，都比別人更多、更好，所以他們又享受得到「眼睛長在頭頂上」的那種優越感。於是，他們內心其實是有缺憾的，可是外在又顯得比別人強，他就會用這些外在的擁有去彌補他自己那種搞不清楚的缺憾感，於是父母所給予的一切優渥的條件，就讓他們拿去變成「證明自我價值」的東西，而漸漸地形成了所謂的「養尊處優」。

這份「養尊處優」出了國去，開始寄人籬下的時候，這中間的落差就太大了，這就是這些父母親沒有考慮到的。孩子因為已經習慣在自己的舒適圈裡面感到優越，又覺得自己都是聽從父母的安排出國的，所以當他遇到很多事情受到打擊時，就會開始怨怪環境與父母。

的確，很多父母只是很用心地選擇學校、寄宿家庭，可是卻把孩子的適應問題看得太簡單，而沒有去深思該怎麼處理和幫助。這些富裕的父母想的是：「就讓小孩順便去磨練磨練啊！才會更懂事。」可是他們沒有考慮到，他們自己在社會上是屬於比較成功的那群人，做事的能力以及抗壓性，可能都是比較強的，用這樣的自己，去看孩子去國外唸書這件事，很可能就會低估了孩子所受到的衝擊。

當父母親們想「讓小孩去國外增長增長見識」的時候，他們把焦點放在孩子未來前途的美好上；並且也覺得自己付出了很多，給了孩子最好的未來。可是他們不知道，其實自己做的事情的另一面，就像是把一株一直是在熱帶地區生長的花朵，直接移到寒帶裡，讓它去面對環境一樣。

為什麼差距會是這麼大呢？因為在台灣唸書是選擇過、同質性較高的讀書環境，學生來自環境比較相同的家庭、能力與階段也比較相近；可是國外的求學環境會遇到的同學和文化的差異，就跟當兵一樣，會遇見來自四面八方的人、龍蛇雜處。甚至會遇到在家鄉從來不會遇到的被歧視、被霸凌的問題，所以並不能說他們是「溫室的花朵」，而是這些挑戰實在太不一樣。

一個從小「養尊處優」的孩子去進入一個完全不同文化的社會，在人家的眼裡，就變成是個「常常在狀況外」的人。可是他自己看不到那個「別人眼中的自己」，無從理解衝突發生的原因（這其實對任何人都很難），就會覺得，都是別人在找他麻煩、對他不友善，而不曉得除了唸書之外，入境隨俗與理解當地不合理的事情（例如歧視、階級），其實是更重要的事情。可是這種連當地的孩子都要體會、學習十幾年的東西，要一下子壓縮在幾年間完成，那也是挑戰度很高的。

那他若是常常遇到這些自己消化不了的衝突，在這些挫敗感中，會變得怎樣呢？他就會因為感到受苦而漸漸變得「偏激」。很多留學生在國外過得不好以後——特別是那些常常都是自己一個人去面對壓力的學生——很多人都會在思想上變得愈來愈偏激，這就是重要的原因之一。即便他們最後不想待在國外，回到台灣求職，如果他們沒有處理掉這個負能量，又自己覺得頂著留洋的光環，你就會看到他們跟人家處處格格不入了。

愈富裕的人家，功課愈複雜

然而，除了「養尊處優」之外，使得孩子容易在國外發生適應不良，並且變得偏激的重要原因還有一個，這就是大部分人沒有看到的角度了：

家世背景富貴的孩子，其實有一個天生帶來的「靈魂功課」，就是他們去看人性的時候，常常容易去放大黑暗的那一面。

這是很多富裕家庭的父母，並不清楚的事情，所以如果你是這樣的家庭的父母親，今天你可以從這篇文章裡面，得到一些之前你對教育孩子，沒有看到的重要角度。

富貴人家的孩子，因為家庭環境是屬於富裕階層，當別人常常來他們家逢迎諂媚的時候，他們小小的心靈其實都是看在眼裡的，所以他們看到的世界跟一般的孩子比較起來，是比較「黑」的，於是他們的心思就會變得比較敏感。

如果是一般家庭的孩子，人家給他一點點什麼的時候，他很容易覺得開心、感謝，心裡會感覺到那份「甜」和「暖」，因為通常這樣的家庭，往來的人際關係是比較單純的，所以孩子的想法也就會很單純；可是富裕人家的小孩，你拿東西給他，因為他本來就很優渥，所以他心裡面常常是沒有感覺的，甚至還可以敏感到「你們還不是想拿這個來跟我拉關係、套交情……」他們看到的反而常常是這些。等到他們再懂事一點以後（進入國中、高中階段），他們會更看得懂出入在他們家裡的那些人，他們的包裝、虛偽和勢利眼，所以你說他有福氣，也沒錯，可是同時他也會很早就看到很多人性裡面的「黑」，而讓他對這個世界落入比較「悲」（負面情緒）的思考模式中。

然後，又由於富裕的家庭環境很容易讓他覺得自己不凡，所以如果遇到挫敗，他就沒有那個習慣去檢討自己，而是把矛頭指向別人的「黑」，怪罪於同儕、老師、學校、甚至這個世界。如果他沒有反求諸己，一直在這種怪罪當中，他就等於一直在蒐集這個世界充滿邪惡的證據，因而常常陷入與別人的對立與抗爭，就根本不會想要去找到包容的角度，與求取雙贏了，那他的性格就會開始變得偏激。

所以，為什麼很多轟動社會的殺人事件，兇手落網時，社會大眾總是覺得很意外，因為兇手居然是出身於富裕階層的家庭。如果你正是屬於高成就、富裕階層的父母，希望你能明白到：你對於小孩的教育雖然很用心，但你只是用心在你自己注重的那些面向，可是你的孩子遇到挫折時，由於前述所講的兩個原因，他其實是比一般的孩子更容易變得偏激的；所以你就要知道該怎麼調整你的教養方式，來幫助孩子做他這個「在先天上比較會遇到的功課」。否則你把他送到國外（尤其都在青春期），讓他到更遠的地方，很多他的過程你更加跟隨不到，那麼你的小孩很可能就在這個看似被人家羨慕的安排裡，事實上變得出乎預料了。

高靈說，人愈往上走，或投生在愈富貴的人家，他要做的功課就愈複雜，這是宇宙之必然；但是能做愈複雜的功課，也代表著你這個人距離脫離輪迴，也相對是比較近的。所以「富貴」確實就靈魂的學習階段而言，它是一種福報；在富貴環境中的父母與所生的小孩，都會面對更複雜的人性，也會較多地碰觸到一般人碰觸不到的人性黑暗面的課題，你要能很接納這樣的靈魂學習階段，因為這是好的、有福氣的，代表你已經進入靈魂更「後段班」的學習歷程了。不過，因為富貴是一種力量，所以這個階段的特色就是「一念成佛、一念成魔」，也就是俗話說的，「會大好大壞」。例如說，如果你沒有辦法去理解孩子所受的苦，那麼當他走偏的話，因為他的富貴，他所闖的禍也會比別的孩子來得更大。

所以現在就要告訴富裕階層的父母親們，會讓孩子「一念成佛」或「一念成魔」，關鍵的那個「分界點」是什麼？

那個分界點，就是：他「有沒有感謝」？

「感謝」維持你心靈的溫度與空間

生活中比較「沒有感謝」的孩子，即使他懂得表面上的教養和禮貌，可是他的基調就會是比較不友善與自我的；如果他又生在比較富裕的家庭，很小就看到很多人性現實、虛偽的那一面，那他看世界的眼光則是黑上加黑，他的思考模式就會是「悲的」、「受傷的」；簡單地說，他對「人」基本上就會是懷疑的、討厭的，或是看不起的。

在這樣的基調底下，遇到不順利的事，他很容易去看到別人的手腳哪裡不乾淨、別人是怎樣的有偏私或勢利現實等等，可是他就會只盯著這些「他認為的真相」看，其他的角度統統看不到了。然而，如果他平常就有感謝的能力，他內在的基調會是「有暖度的」，那麼遇到跟別人有衝突的時候，他就會比較有包容力，會想試著用不同角度去找找答案，然後通常他就會找到比「對」和「錯」更多的東西，那就是「理解別人更多」與「讓事情更圓滿處理」的能力。

如果人的身體需要維持「體溫三十七度」才能夠健康運作，那麼人的心靈也需要維持一定的暖度，你才能夠在不順利的事情發生時，有心靈的空間去學習智慧，而不是隨著情緒去闖禍。而這個能給你的心靈帶來暖度的東西就是「感謝」。

「感謝」看起來是給別人的，實際上是在維持你自己「心靈的體溫」，如果你失溫了，你的心就是冷的，表面上你還活著、幽默著，但是你會發現自己的人格基調就會是黑色的、不信任的，你就容易盯著人間的黑暗面，在裡面變酸、厭世、激憤。也就是說，生活裡面的很多事情，你如果沒有用感謝去看的話，就很容易掉進「悲」裡面（意即只用「損失感」和「受傷」去看事情）。

所以富裕家庭的父母親對孩子的教育，很重要的是要培養孩子有感謝的能力。其實感謝是一種「能力」，如果沒有去培養的話，它不會自然就有的（註1）。有很多的父母親雖然賺到了錢，但是自己也過得很辛苦（沒有生活品質），甚至也是踩著別人爬上來的，所以他自己無形中就會失去感謝的能力；那這樣的話，小孩子就會在這種「無形的示範」中有樣學樣，他的氣質就會變得自我、對周遭沒有感謝了。

所以富裕家庭的父母，要培養小孩子有感謝的能力，這是特別重要的。「有感謝的能力」對他的一生會有非常深遠的影響，因為這樣子他所看出去的世界，才會是讓他願意積極和向上的，那他的人生才會走向「大好」；如果沒有感謝的話，他的心會感受不到人與人之間的溫度，就會變成一直只能去看到人性黑暗的那一面——也就是所謂社會現實、無情、冷酷的那一面。而一個人如果從小時候就已經開始從這個「悲」的角度去看別人、看世界，那隨著年紀漸長，他做人處事所累積的因果，就會讓他的內在與外在，從地獄的第一層、第二層、第三層……這樣一直陷落下去。也就是說，他心中的負能量就會一直帶著他去建構讓他愈來愈苦、愈來愈充滿衝突的人生境遇。然而順著他那個「討厭這個世界」的邏輯，無論怎樣苦，他終究不會去檢討自己的問題的。鄭捷就是最好的例子。

培養感謝的能力

經過上述的探討以後，我們會知道，「狄鶯的孩子的事件」的這些報導，不是讓我們停留在「對」、「錯」，與歸咎是誰的責任的討論裡面的，而是讓我們透過這些別人發生的事件，去給自己一個可以借鏡的故事，來讓我們增長智慧，走向更好的未來。

所以看了人家的事情，做父母親的可以問自己：我有沒有常常在生活中去看到感謝呢？我有沒有教我的孩子如何由衷地產生感謝呢？我們是否了解忽略「感謝」這個品格的可怕呢？

以前，在台灣大家都還是相對貧窮的年代，經濟才剛剛開始上來的時候，大部分的人都是懂得感謝的，因為那時候人們沒有太多欲望和比較，反而是有很多的生存問題，必須要互相幫助才能度過，因此那時候的人就比較容易對周遭的人事物看到感謝。而由於有感謝，心裡面就會比較有「別人」，所以做事情就會有一個分寸，比較懂得所謂「做人的道理」。

可是當大家開始有錢了以後，變成了把賺錢當作最優先，就開始忽略所謂的「教養」、「修為」，連「教育」也變成了只是一種「不要讓孩子輸在起跑點」的競爭工具，失去了「教育」能夠「涵養品格」的這個最珍貴的功能了。而所有涵養裡面，最重要的失去，就是我們失去了「感謝的能力」。

然而，如果一個富貴的家庭，父母親沒有感謝的涵養、對小孩又忽略了「感謝」的教育，這個家庭就會變成《道德經》裡面說的「德不配位，必有殃災」了，那這個富貴是絕對無法持久的。而且一旦災禍來臨，它的力道也常常猛於一般人家所會遭遇的。為什麼呢？因為「富貴」就像是一個比較大的重力場，好的事情進來會加速，壞的事情進來也會加速，這就是為什麼在命理上有「生在富貴人家的孩子，人生容易『不是大好就是大壞』」的說法。

古人還有一句話說「富貴險中求」（註2），這意思並不是叫人鋌而走險去追求富貴發達，而是在提醒人們：「富貴」會帶來很大的挑戰，必須更懂得感謝和謙卑，願意放下身段去學習人生的智慧，才能夠真的去享受與持續這份福氣。

所以說實話，要在功成名就裡面當一個大家所謂的稱職的父母親，其實挑戰是更大、是更不容易的，絕不是很多人認為的「有錢好辦事」；而任何擁有更多的人，也都會有一種「高處不勝寒」的苦，不是容易向人訴說的。所以對於他們的人生所發生的種種問題，那一切的不易，恐怕只有真正經歷過的人，才能懂得的了。

（註1）如何開啟由衷的感謝，方法可以參考《奉獻》一書，章成、M. FAN著，商周出版。

（註2）延伸閱讀：〈「富貴險中求」的真義〉，參見《讓我的功課，變成我的精采》，章成著，商周出版。

☆你「接地氣」嗎?家庭幸福、升官發財都靠它!

為什麼華人社會很普遍地，很多人都會嫌父母親煩，可是嫌了以後又有罪惡感呢?有一個很大的原因就是:因為不管這個人已經幾歲了，已經出社會甚至成家立業了，他的父母還是把他當作三歲小孩子在對待。

就像人有小學、中學、大學……不同的階段，小學生你當然是用小學生的方式來教他;可是當他已經是一個大學生了，你就應該要用大學生的方式去對待他，然而華人的父母常常不懂這個道理。

比如說孩子都已經出社會了，都住在外面很久了，他媽媽每次去到他的住處，還是不停地說:「你飯要怎麼添才對啊」、「你衣服要怎麼洗才對呀」!甚至聽到他跟同事講完電話，還會說:「你跟同事講話要怎樣講才好啊……」所以當小孩的人臉上就會三條線，心裡很想說:「那平常你不在的時候，我這樣添飯、洗衣服，不是也好好的嗎?」「你老在講那些三十年前的社會經驗，現在職場的狀況根本說了你還不能懂，還要給我下指導棋?」雖然也知道父母親是在關心，也會叫自己忍耐一下、配合一下，可是老人家實在是什麼都要講、見一個講一個，最後他就會煩躁起來了。

華人社會有很多關係不好的家庭，就是這樣造成的。

作父母的你（妳）成長了嗎？

今天講的這個道理，是非常重要的，華人很多家庭關係不好的主要因素，其實是「父母沒有成長」。

有句話聽起來很溫馨：「無論你幾歲，在父母心目中，你永遠是個孩子。」其實這句話如果翻譯出來就是：「無論你幾歲，我愛你的方式就是永遠把時間停留在，你只有八歲大。」這樣一翻譯，你就知道是不是真的妥當了。

孩子明明已經長大了，念了大學、研究所，甚至都出社會工作了，可是父母卻一直把他當作小朋友在唸、在教。高靈說，這樣的關心方式是不對的。為了不破壞感情，其實已經是大人的孩子他就會去忍耐，可是所謂的「距離感」就產生了，長久下來，其實感情還是破壞了。

大家都有經驗，自己就算只是剛剛成長為青少年，從國小進入國中階段，都已經不太喜歡媽媽跑來學校找自己，不是嗎？為什麼呢？因為媽媽一跑來，就會把自己當作小學生那樣去說話、對待，當眾幫你紮衣服、拉褲子等等，你在同學面前就會覺得很不好看、很丟臉，不是嗎？媽媽沒有去意識到說，孩子現在已經上國中了，國中階段他會想在別人面前建立什麼樣的形象呢？而什麼事情應該讓他自理了？那麼那些他可以自理的部分，更不要再在別人面前去講了。

很多媽媽都會說，可是他那些習慣就是不好啊！其實就算是不好，也要讓他自己用自己的方式去處理，因為他也許那個部分不夠好，可是他也會發展出自己去平衡的方式。倘若真的不行或遭遇麻煩，他也才會有這個深刻的經驗，而會自己主動去做出改變。如果做父母親的一直只看到這些小學階段的部分、一直在唸這些部分，你就會看不到真正的重點：在國中生這個生命階段會去碰觸到、需要去探討的主題是什麼呢？這些才是你應該開始去幫助他學習與探索的。例如自我證明的需要、友伴認同的渴望、情竇初開的好奇，當你看不到這些重點，成天還在唸他應該這樣扣扣子、應該那樣整理書包，你的小孩就會開始跟你沒話講。

你一直在唸他的早餐不吃、唸他襪子亂丟……就好像他還是個國小學童，可是他的優點是什麼？以他的基因去做什麼會事半功倍？你卻一點也不知道，而他一晃眼，卻已經是大學生了。那小孩子看到父母親關注的焦點一成不變，他就覺得跟你們愈來愈沒有話講；而且相處起來很煩，他有什麼事也愈不想講，彼此之間的代溝就會愈來愈大了。

所謂「家庭的傷」（註1），有一部分也是這樣的因素造成的；也就是父母親一直沒有用對的程度去跟孩子的成長相處、對應，造成孩子一直被迫在這個「屋簷下低頭」而形成的。

例如有些人長大以後變成所謂的「敏感性格」，他跟別人相處時，內心會很容易因為別人一個眼神、一個回應，如果好像是在否定自己，他就立刻受傷，想要退縮。他也知道應該是自己想太多、太脆弱，可是又無法叫這個容易產生負面敏感的「內在小孩」不要這樣感覺。其實，很多有這樣「敏感性格」的人，是因為在原生家庭中，他被對待的方式，常常與他已經能夠思考的程度，有很多落差，他一直盡量去配合，卻產生了很多錯綜複雜的心情，既衝突又自責，而不知道怎麼樣去整理這些糾結的心情，所以累積成了這樣的「情緒敏感體質」。

很多有情緒敏感體質的人，你們其實很知道什麼是對的、什麼是錯的，可是在原生家庭中，因為必須去維持那個親情或倫理，沒有辦法說出真心話，於是就變成了：你和你真心所愛的父母，內心沒有辦法真正的溝通，你的內在就變成了一種「悲」的基底。所以長大成人後，當在任何的人際關係中又感受到落差的存在時，你就會變成彷彿小時候的那個「受傷的小孩」，不由自主陷落在無力感裡面自傷，沒有勇氣去溝通，使得彼此距離又被拉得更開。不過這不是我們今天的主題，我們就先不多談。

不願意為自己人生負責的「內在受傷的小孩」

現在我們要回來談的是，那麼身為一個「父母眼中永遠的孩子」，你要如何扭轉這種對待方式，讓你與父母之間已經「停止成長」的互動模式，可以開始成長呢？高靈說，其實就是你要自己開始用「你這個年齡階段」該有的成熟度，去跟父母親對應。

例如你現在已經是個大學生了，那麼當父母還在唸你的房間太亂、不應該太晚睡時，你就要去思考：你已經成年了，這些事你有決定的權力，也應該為這些事情的任何結果負責。既然是如此，你可以怎麼樣以大學生該有的成熟度去回應呢？如果你的能量有拿捏準確（真正切換到該有的成熟度），父母親習慣的模式就能夠被你的對應，逐漸扭轉改變的。當然如果你不知道要怎麼去做，你可以來上課，學習這樣的智慧。

其實會討厭、會想掙脫這種「一直被當小孩」模式的孩子，才是比較健康的；如果不會想掙脫，那就更糟了。有些小孩的選擇是：「好啊！那我就一直來當個小孩。」這就是現在的社會裡面，愈來愈多的那種甚至都三、四十歲了，還窩在家裡面「當小孩」的所謂的「宅男宅女」。

一旦一個人做出這個選擇，他內心那個「受傷的小孩」就永遠好不了了，並且他的性格還會逐漸扭曲。為什麼呢？因為明明也是他自己不想為自己的人生冒風險，所以選擇去當「永遠的小孩」的，可是他又會把自己沒有能力、沒有自信的諸多問題，怪罪於父母親的管太多、掌控太多所致；他既要依賴、又要怨恨，於是就把自己變扭曲了（例如：學會用罪惡感去勒索父母，把自己人生現在所有的困難，都怪罪於父母過去的教養不當等等）。

明明你已經大學畢業、已經出社會多久了，為什麼還老是在談「內在受傷的小孩」呢？這個心靈圈常講的「內在受傷的小孩」是怎麼來的？如果你自己真的成熟到一定的程度，你是會看清楚，父母親也只是一個普通人，而不是「無條件的愛的來源」，你不會在那裡一直想當個孩子，去「要」父母的理解、認同與愛的；他們不理解你、反對你，你也會去走出自己的人生、為自己人生的一切成敗與幸福負責。

所以真相是：**當一個人害怕承擔，不願意為自己的人生負責，他就一直會有那個「內在受傷的小孩」**，這兩者是捉對成立的。

那麼，為什麼許多家庭會演變成彼此因果的拉扯（所謂的「相欠債」），而不是一種相輔相成，彼此愈互動，整個家庭愈興旺呢？高靈說，這不是單一方面的責任，而是雙方都沒有真正的去「愛自己」。

「更新」才是真正的愛自己

「愛自己」並不是一般認為的，在「心情不好的時候，對自己好一點」的這種很簡餐的觀念，這種觀念剛好讓你常常淪為被商人操控的肥羊。高靈說，「愛自己」真正的意義是：你到了什麼年齡，要懂些什麼、對什麼事情該長眼、不會白目、不會跟這個階段的人事物處不來，處不來就知道要去學習，能夠這樣主動去懂、去學，這才是「愛自己」。也就是說：**你到了任何一個人生階段時，該更新的有去更新、該跟上的有去跟上，這就是真正的愛自己。**

例如一個人現在已經升上大學了，那大學生該有什麼樣子、該學習什麼，他就要去學，這樣子去為自己負責任，這就是有真的去愛自己。反過來，就父母而言，如果你的孩子已經是大學生了，那麼是那種國中生階段才需要叮嚀的事情，你就該忍住不說，你關注的焦點應該是在：大學階段該有什麼樣的自主權？要學習負責與面對的課題又是什麼？你要根據這個去 update 自己對小孩的對待，這樣的父母也才是在跟子女的關係上，有去學習和成長，有去面對自己這個階段該面對的東西，這也才叫做「愛自己」。

如果你今天已經唸大學了，那你的做人處事，就應該以大學程度來為自己的事情去負責。可是現在有很多人唸完大學以後，他還是會說，因為爸媽叫我去念碩士，所以我就去念碩士；因為爸媽說學這個以後比較有出路，所以我就去學這個。這樣他其實還是活在那個小學年紀的「小孩」的位置上的。

等到他去工作了，他又說爸媽叫我要去考公職、找離家近一點的工作，所以我就在這裡……他的身體雖然看起來是一個成年人，但是他的心境卻一直是把自己擺在一個「小孩」的位置上面，他只是會考試、會唸書、會做報告，可是並沒有成為「為自己的人生負責的大人」。

倘若父母沒有成長、小孩也跟著沒有成長，這種結構最終就會養出所謂的「啃老族」。但是這些宅男宅女心裡也很苦，他們心裡有個「悶」沒有辦法釋放，因為他們也很知道自己的人生走不出去。然而這個狀況責任最大的，其實還是他自己，因為是他一次又一次的逃掉每個年齡階段該學會的社交能力、做事能力等等，所以他也一直在面對外界的時候，一再地受傷，然後一受傷就退卻，人生一直選擇逃到舒適圈去的。他們其中有一些人，也逃到了靈修圈，來尋求「療癒內在受傷的小孩」，可是他們內在受傷的小孩為什麼永遠療癒不完呢？他為什麼一輩子都在談論父母給他的傷害呢？因為他的問題就出在於：他根本就沒有真的長大。

所以「愛自己」第一件最重要的事情，就是清楚自己現在所處的「相對位置」（註2）。你現在幾歲？是什麼階段？在實際生活中你會面對什麼？你和你羨慕的人事物之間，差距又在哪裡？這些你都要先去清楚；你清楚自己現在的位置，就不會不去理會你該學習的事情，你就會去面對它。當你有去面對，你就能夠開啟學習，然後你就會漸漸具備能力，然後你也就可以看到，自己真的能夠幫助自己心想事成了。

所以，該學的事情有學起來，你就可以真正的「離苦得樂」，你就不需要點個燈在某個團體裡面取暖，尋求同溫層的慰藉，卻依然無力於人生。這就是高靈所經常開示的人生智慧：「清楚＝療癒」（清楚就不需要療癒）（註3）。

學習不同階段該具備的關鍵視野、心態與智慧

今天所講的道理再延伸開來說，其實無論是誰，人生每個階段都有每個階段該明白的「世道」，這個階段該怎麼去跟人家相處？例如該戴面具的時候你懂得如何戴面具，該作真實的自己的時候你也懂得作真實的自己，不會受他人影響而不自在，這是可以操控自如的。

很多來找高靈的人，尤其是公家機關的高階主管，他們很多就是因為一直戴面具，戴到得了憂鬱症的。他們很大的問題就是：無法在戴面具與作自己之間平衡，因此身心生了病。可是這個就是他們到了這個相對位置需要學的。也就是說，你外在的評等上來了，所以你升到這個位置了，可是你內在智慧上的修為，也等於就到了一個坎，不夠用了，新的階段一定會要求你跟著提升，你才能夠駕馭這個職位，但是很多人對「德要配位」的道理，並沒有意識。

常常聽到有些人升官之後，就會「新官上任三把火」，可是別人背地裡都在暗笑，或是在用小動作制肘他，等他這三把火漸漸無力之後，他自己也憂鬱了、也消沉了。其實，

高靈說，沒有能力的人才會「新官上任三把火」，愈有能力的人是愈不會這樣做的，因為他早就很知道，怎麼觀察新環境的利害關係、怎麼講話、怎麼喬事情，而且他很知道坐在這個位置上，就只要負責要求什麼重點、講哪些話就好，其他就會交給專業，不會過度干涉。有上述這種能力，就叫做「接地氣」。

有很多會被白眼的主管，就是會讓底下的人覺得，你明明不懂又要講得口沫橫飛，下了指導棋之後又讓大家幫你擦屁股。當然人家就不服他，就會在背地裡搞他，盼他早點走，然後搞他的人就變成了他所謂的小人。可是這些小人是誰招致的？其實就是他自己。因為他坐上了那個位置，卻沒有真的清楚這個位置該怎麼坐，那這就是古人所謂的「德不配位」。也就是說，你坐上了這個位置，卻沒有用這個位置該有的風範去做事情，反而舉手投足之間，把別人的專業踐踏在腳下而不自知。

台灣的公家機關，現在充滿著這樣「不接地氣」的問題，這也就是為什麼很多人會說：「你們這些唸書人，唸書唸到那麼高，結果都不知道民間疾苦。」這些話就是這麼來的。這些公家機關的主管，其實很多人的內在都還是國中生、高中生的位置，沒有成長上來，所以他們的處事心態和遇事的反應，才會是那個樣子的。

可是既然能夠坐上那個位置，也不是沒有能力的人，也是有一些手腕和視野的，可是你該如何去平衡你自己身心的健康？如何更有效的領導與處事？如果你真的有搞不懂的，你可以來請教老師，開啟升級版的學習。只要你願意去升級自己，畢竟以你的資歷、閱歷，要再去補強這些東西，其實並不困難，甚至可能只需要給你點出一兩個重點，你就自己一通百通了；因為有這樣的福氣去做到一定的高位，通常願意學習的話，也會比大多數人更快有成效的。

每個人都有自己的優缺點，做上高位的人更需要對自己有所認識。然而請記住：你並不需要變成一個事事完美、樣樣都懂的人，而是要懂得如何去「平衡」整個處境的「太極」，讓原本好像是你絆腳石的人事物，能夠變成你的墊腳石，讓你可以借力使力地高升上去，這樣就夠了。這個就叫做「畫龍點睛」的智慧。坐上高位的人，這就是你應該要學習的重點，而不是要把自己搞得蠟燭幾頭燒，才叫做認真負責，才叫做「有能力」。

反過來，你今天是高官底下的專業幕僚，你覺得你的專業一直在被踐踏、你的熱情一直在被消磨，你就常常在掙扎著要不要掛冠求去。其實這裡面也有你這個位置該去學習的關鍵智慧；如果你學會了，你也可以反過來駕馭你的主管，讓他順著你要的方向去做，那麼你也可以讓你的專業更能發揮，而不讓官場政治消磨掉你的志氣。

所以其實任何人都一樣，你所在的位置，真正需要的智慧如果你有學到的話，這個就叫做「接地氣」，你當下就會感覺到你的人生變成「事半功倍」，馬上你就會知道可以怎麼把絆腳石化為墊腳石，然後去節節高升。

所以什麼是「接地氣的父母」呢？那就是有隨著子女的長大，調整自己對待孩子的言行，跟隨著子女的階段去一起成長的父母；而什麼是「接地氣的子女」呢？那就是你這個年齡階段面對什麼處境，該去明瞭什麼、負責什麼，你就有去學習與負責，那你就是個真正「接地氣」的子女。那麼即使你的父母親沒有成長，你也不會被父母親的因果拉扯而退化，變成一個一直需要「療癒受傷小孩」的小孩。

那麼想要升官發財的人呢？請記得，你一定要能夠接地氣，才能夠順利地往上走。而所謂的「接地氣」，就是在任何階段坐上了任何位置時，你都知道要去學習你這個階段該具備的關鍵視野、關鍵心態與關鍵智慧，而不僅僅是「做事情」而已。能夠這樣，那麼你不僅能夠很有餘裕地坐在這個位置上，更有能力再晉級到下一個更高的位置，去領受那個更大的豐盛了。

（註1）有關這個主題，想了解更多，可參閱下一篇文章〈家庭的傷，要這樣好；人生的悟，要這樣開〉。

（註2）更多了解請參閱章成老師所著《地藏經》P.86〈當下的力量〉。

（註3）更多了解請參閱章成老師所著《奉獻》P.64〈人生唯一需要的是清楚〉。

☆家庭的傷，要這樣好；人生的悟，要這樣開

從小到大，電視劇或電影裡面的母親形象，多數是對子女充滿了無盡的愛與想念，而每到母親節、父親節的時候，媒體更充滿了對母愛父愛的歌頌……這些讓大家情不自禁想去感受與營造的氛圍，其實是反映著大多數人內心，非常期待被一種全然的愛呵護著。

可是人世間大部分的家庭關係，真正的狀況其實不是如此的；但不是如此，也並不是不對的，反而是非常地正常。因為父母跟子女，以及大部分人吸引來的婚姻，本來就是「功課」的關係；所謂的「父慈子孝、兄友弟恭」，正是因為人間少有，才被標舉出來的烏托邦。事實是，傷人最深的人生事件，往往都發生在家庭。

那麼你要如何走出家庭帶給你的傷痛？關鍵是：你必須了解地球這個輪迴教室，有一個「旋轉的 DNA 法則」：你愈要的東西，你就愈要不到。所以如果你真的想要開心地「回家」，反而你要先懂得怎麼樣去「出家」，透過這個 DNA 似的反轉，你才能真正找到方法去跟家人相處。本文藉著剖析「家庭關係」、「靈魂伴侶」等議題，將帶領你去看見人生更大的開悟之道。

自己與家人都是完全獨立的靈魂

現代接觸修行或靈性的人，動不動就想要「開悟」，可是若是你連出家都出不了，談何開悟？「開悟」是很多能力的累積才有的，而這裡面的基礎就是「出家」。

「出家」的定義是什麼？就是：「你能夠看到家人之間彼此的拉扯，以及其中的因果關係，然後，你能夠重新選擇去愛自己！」所謂的「愛自己」並不是自私自利，而是你不再在家庭關係中去助長自己或親人的自我，你能離開這種自我與自我之間的糾纏，選擇真正清明的愛去做事。

所以「出家」當然不是剃了頭、不住家裡去住在廟裡。「出家」是指：在你的人生中，你可以不被狹義的「家庭觀念」束縛，能看待自己與家人，為一個完全獨立的靈魂（如果你真的能夠回歸到清明的愛去看的話，其實地球上每個人都是你的家人，只是血緣上的家人，跟你比較有近距離的互動而已）。這不是叫大家不尊重權利義務，然後自私自利去生活，而是能夠看到家庭裡面其實有很多的互相牽制、控制，只是以愛之名所包裝的自私，你要從這種結構裡面脫離出來，不要為了這種東西而活，否則你的受傷就永遠不會好。

所謂家庭裡面的「互相牽制和控制」具體指的是什麼呢？例如很多人其實是因為自己的不安全感，害怕自己失去什麼，或是面子上的虛榮，就去限制家人不可以怎麼做，或應該要怎麼做，可是卻讓那個人被拉住而無法成長、無法去開創並成為自己。

又例如有一些父母的觀念其實已經相當老舊，不適合這個世代了，當他們的教育跟下一代實際的生活產生衝突時，他們卻只想證明自己的觀念是對的，硬逼著孩子就範。如果你睜開眼睛認真去看，以上這些父母，對自己的小孩並不是真的有愛，他們的靈魂還處在比較動物本能的「自我延續、領地擴張」階段，把下一代當作自己的資產（自我的延續），或是人生翻盤的寄託（希望自己的未來能夠更風光），所以會對小孩做出種種控制和安排。

以為那是愛！認識家庭組合的真相

既然行文至此，我們就來解開一個非常大的人生公案：

很多孩子對於父母的愛，為什麼會終其一生感到非常困惑與痛苦呢？因為做孩子的人是這麼想的：我確實看到父母親從小到大為我傾注了許多心力，所以毫無疑問，他們一定是非常愛我的；可是既然如此，為什麼很多時候，當我知道做什麼事會讓我快樂，他們卻總是不願去了解？甚至會阻止？

答案是這樣的：因為你的父母愛的是「他們的孩子」，而不是「你」。（因為很重要所以請唸三遍）

其實他們從來不知道「你是誰」，他們愛「他們的孩子」，而因為「你」剛好是他們的孩子，所以就你得到很多很多照顧，於是你就誤以為他們愛的是「你」。

而且這種「愛」，其實愛的也還是他們自己，不真的是孩子。這個意思是說，這個世界上有好大比例的男人與女人，他們生養孩子的主要動力，是屬於動物層級的「自我延續與自我擴展」的欲望，他們是比較不懂得「愛」的，這是他們靈魂現階段的發展層次，沒有對或錯。所以他們生養小孩最主要的潛意識目的，是想要小孩能夠帶給他們，他們想要的未來。因此你才會對這份被形容為「偉大的親情」感覺困惑，因為它具有很讓人受傷的「切割性」：當你表現出他們要的，他們會非常愛你；當你的身上有他們不想要的，他們就會拒絕去正視，甚或極力想從你身上切割掉。

所以這造成你極大的困惑與痛苦，因為你是一個整體，你沒有辦法被切割；就好像有人說他們愛你，卻又說不愛你身上的某一隻手或某一隻腳，那麼你該怎麼辦呢？當他們拒絕去了解或承認你的那隻手或腳的需要，試圖綁住它們的伸展，你就會非常痛苦。所以你會在一瞬間，知道這不是愛；可是你的父母又會對你身上其他的手和腳非常呵護、非常照顧，所以你又覺得他們很愛你。你就在這裡面，不斷地感到矛盾和痛苦。

如果你的父母親讓你愛的非常痛苦，那麼當你了解上面的這段話，你將會有一個很大的清楚，你會終於清楚事情為什麼是這樣。但是你不能跑去告訴你的父母親這些，因為他們沒有辦法、也不敢去聽懂，他們會說：「我愛我的孩子，就等於我愛你，我不知道這有什麼分別？」

其實從「自我延續與擴展」的這種意圖，所產生的對另一個個體生命的「在乎」與「養育」，它並不是愛；真正的愛，是願意正視對方是一個獨立的生命，然後還願意為他奉獻，讓他能開展出他自己想要開展的自由，這才是真正的愛。可是再次強調，這沒有對與錯，因為愛並不是一種道德規範，它只是一種生命更廣闊的層次；有很多靈魂還沒有走到這個層次，他也生養小孩，他也以為自己這樣是愛，只是如此而已。

然而並不是只有父母會讓小孩痛苦，反過來，也有些父母一直被小孩予取予求，不想要溺愛孩子卻無法拒絕，被孩子的不成熟擺布著、威脅著，這也是另一種「無法出家」的痛！這些無法出家所形成的「家」，就會變成像「世間情」那種八點檔連續裡面演的家庭，處處充滿錯誤與荒謬的發展。

所以「出家」不只是小孩可以離開父母，父母也同樣可以離開小孩的。例如後者，父母可以讓小孩去獨立和負責，讓他到社會上去碰撞和歷練，這樣他才能夠真正的成熟，走向比較健康的發展路徑；而這個健康的路徑，才能夠讓他對很多事情，產生感謝、反省和奉獻。

脫離互相牽制、控制的「鉤子」，就是「出家」

有人問：「為什麼家人之間會這樣子相互控制呢？」

歸根結底，這跟「家人」沒有關係，而是人性的本然——人性就不是神性。投生在地球的人的意識層級，就是比較「為自己的」。所以如果你有足夠的智慧，能夠引導家人活得開闊一些、更有愛一些，那當然很好；但如果家人無法認同你，你就必須去走自己的路，不能被對方影響，否則你不僅會陷入痛苦，也會在不知不覺變成同樣的人了。而當你走了自己的路、活得很好的時候，你可以用你的體會，像光一樣為他們照亮他們的思想，幫助他們去整理、反省，但你不會捨棄你健康的軌道，糾結在他們的「想要」裡面，這就是走在「出家」的路上。

靈修圈談「覺醒」的時候，你需要知道的是：本文所定義的「出家」，其實是覺醒很重要的一個環節，若你能在家庭裡面真正去看到「人性的真相」，這在修行上才會是跨度很大的一階（可以說是一個真正的小開悟）。而當你的人生智慧，真正走到「已然出家」的階段，你會完全離開「討愛」的「悲」，開展出真正對家人的「慈」，那麼甚至你對生死與無常都會無懼的！因為你會知道，每個靈魂其實都有自己該做的功課，也都可以去創造自己的福分，你的心會是充滿祝福與等待，而不會淪落於負面的擔憂牽掛。

所以當你「出家」了，你可能還是住在家裡，可能還是在跟家人相處，可是你會有一種清楚，知道什麼東西應該維繫、什麼東西應該脫鉤，你就會做出有愛的決定。例如不該做的事，不會因為家人想要，所以你就去做了；也不會為了滿足他們不成熟的要求，就去犧牲了自己或其他人。但是你在處理彼此之間的關係的時候，也會有一種圓熟，了解「說清楚講明白」與「睜一隻眼閉一隻眼」之間如何拿捏的藝術。如此，你們之間的關係將會重新排列組合，而這個新的組合才會是更健康的；你也會很欣慰地發現，你能夠真心的給予家人「愛與祝福」，不再有怨懟了。

所謂的「愛與祝福」，就是「等待」、「慈悲」的意思。

所以並不是到山上去修行，或是到廟宇裡面跟家人隔離，才叫做「出家」。真正的「出家」，是你能夠在家庭關係裡面，透過「清楚」與「了解」，脫離彼此因為不安全感、匱乏之感、自我的貪欲，而想要互相牽制、控制的那些「鉤子」。如果你能夠脫離這些「鉤子」，那你才是「出家」了。

如何「療癒內在小孩」？

現在很多人都知道「內在小孩」這個詞，雖然它有好幾種詮釋，但其中比較主要的詮釋之一是說：成人的內心，其實還住著一個脆弱的、渴望被愛的孩子。雖然近年來「擁抱你的內在小孩」這樣的概念，觸動了許許多多顆受傷的心，但是在「擁抱之後」，要怎麼真正「療癒」內在小孩所受的傷呢？其實答案也是：你必須要「出家」。

希望你去覺知，為什麼社會的集體意識，一直喜歡歌頌「無私的母愛」、「偉大的父愛」呢？這正是因為大部分的人，即便身體長大了，內心深處卻仍然一直在跟父母親「討愛」的緣故。因為我們出生成為一個身體的時候，離開了對合一的知覺，感受到了孤單與渺小，所以我們就潛意識地，把對「完全的愛與安全」的寄託，期待在我們的父母親身上，無法接受父母親也是平凡的人，其實也會有例如偏心某個孩子、或莫名討厭某個小孩的狀況，其實這些根本是很正常的。

如果一個人持續向父母親討愛，這些為了討愛而去做的一切，反過來就會讓自己過得很辛苦。而且你可以去觀察：愈用力想去討好父母親的那個孩子，反而愈得不到愛。

在《都可以，就是大覺醒》一書中，高靈曾經揭示一個法則：人生中你愈想要的，就會愈得不到。所以這本書的封面有一個「DNA」圖形，它告訴你人世間的功課很弔詭，你愈要往某個方向求，就愈會旋轉到相反的方向去。如果有人能意識到人生有這個現象的話，請用這個感覺去留意你的生活，你會在裡面漸漸看清很多假象、了解很多事情，也會自動知道怎麼去平衡你的生活才對，那你就會慢慢從人世間的很多「鉤子」中脫離了。那麼如果你再修下去，恭喜你！你這輩子就很可能會有很大的開悟。

這些「鉤子」一言以蔽之，其實就是所謂的「人情」，或是「人類彼此給彼此的一種虛幻的想像的空間」，這些都是虛的、不實的東西。不過這個題目談起來很大，今天就不申論了，要再回到「療癒內在小孩」與「出家」之間的關係來談。

「內在小孩」就是一直想要別人給他這種烏托邦式的愛，因為他渴望躲回到最單純無憂的狀態，但父母親也只不過是兩個平凡的男女，更不用說社會也只不過是一堆平凡男女頻頻犯錯的場域。所以，誰能通得過你的「真愛考核」呢？直到有一天你真的願意接受這個事實，你才有機會幫助這個容易受傷的內在小孩，真正地長大。

而真正長大的人，會變得能去愛人。

父母本來就不是一定會愛小孩的，因為父母也就是一男一女，做了那檔事之後有了孩子；大部分男女有了孩子，就會按照社會灌輸在自己腦中的應該，去教養小孩。如果父母彼此之間是真的有愛，那他們就會用對彼此的那份真愛去愛孩子，這當然就很好。然而，雖然這是大家心裡面最想要的情況，但實際是：大部分的男女也是因為種種條件的吸引與衡量，才結合成為夫妻的，他們進入婚姻的契機其實不是因為真愛，而是因為覺得可以互惠，對彼此的人生都有利。所以人類社會中，大約有百分之六十的女性，其實是為了想要讓男方能夠安定，而（下鉤）覺得生個小孩比較好的！

以這樣的心態去生小孩，男方潛意識會想逃，女方就更會利用小孩去抓住男方，這是最傳統的家庭劇碼。所以其實，高靈說，百分之八十的父母親都不是真正「愛」小孩的，他們真正愛的是自己，以及「生養下一代能為自己的人生帶來的附加價值」。願意看清楚這個真相很不容易，但唯有看清楚的人才能脫鉤。

脫離「內在小孩」的烏托邦

今天講的這個議題是很深的，不是一般人能夠了解，甚至很多人會排斥；但是對於願意去探討自己在兩代之間受苦問題的人，今天的內容會對你非常受用。

家庭關係的真相就是：人其實還是在裡面為自己活著，只是因為有著經年累月相處的親近感、緊密的互惠關係，以及以生物基因為基礎的「自我延續」的欲望，所以看起來牽絆特別的深。什麼是「為自己活著」呢？例如有很多父母有著自己想完成而沒有完成的事，就希望下一代能夠去實現，即使造成了下一代的痛苦，也在所不惜（會說他們用這麼多資源栽培你，你應該珍惜）；也有一些父母因為孩子不聽他們的話去發展，後來甚至過得比他們好的時候，他們還會嫉妒、更加排斥這個孩子。

所以從古到今，小孩如果比較聰慧，有自己的想法，反而父母會比較不愛他，而去喜歡那個比較聽話、比較乖順的孩子，這跟我們現在所謂的「政治」是沒什麼兩樣的。還有些父母以前家境不好，後來小孩子努力有成就了，他們不但不加倍疼愛他，反而變成用貪念去不斷索取，不斷地嫌孩子對自己不夠孝敬。以上這些現象，其實都是因為父母是以自我為中心，從而建立家庭系統的。

只是因為你們彼此有血緣的關係，所以會有一種莫名的「信任」；這是因為彼此在生物基因上比較相近，是熟悉而有親近感的。然而，你卻一而再地，在家庭關係中受傷受挫。因為這樣而終於看清真相的人，就會感觸到：我們的軀殼如此相像，為何彼此的靈魂卻那麼遙遠？而相反的，有些人沒有血緣關係，甚至差異性那麼大，卻反而能夠成為真正能互相奉獻、互相支持的靈魂伴侶？

可是面對你覺得「最親」的人，你的內心真的很不希望「真的是這個樣子」，所以你也很難會想要去看清真相。

其實，靈魂來到這個世界上，是很孤單地來作自己的功課的，大多數人只有在最後一刻，離開身體那一剎那的那個「開悟」（進入全知意識時），才能看清今天所講的這些事情（因為你會完全知道每個你認識的人對你的真正心態）。可是當你在死後的那一刻看到真相時，因為你並沒有準備好用愛去接納這些真相，所以你就會再一次到地球上來重生，再來面對一次相同的功課。

所以「內在小孩」必須要長大，否則你將會一直搞不清楚狀況，而在這個無明裡面重複地受傷、受苦。「內在小孩」其實是一個一直在「要」、在「追尋烏托邦」的狀態（不是自己願意去創造烏托邦），但如此你將一輩子追尋不到。為什麼？因為你並沒有想要成為一個「大人」，你並沒有想要從「怕不被愛」的恐懼裡面跳脫出來。很多人覺得內在小孩是很純真、無邪的，但你可以去看，它同時也是一個隨時可以被驚嚇到的意識；可是真正成就自己生命修行的大師，他們也會變得像小孩子那樣純真，然而那個純真卻是成熟、盈滿的。

所謂成熟，就是在面對別人的「沒有愛」時，你是慈愛的，你依然能做你自己，而不會受傷，所以你能沒有期待的心生祝福，去「等待」對方的成熟之日。

而所謂「神性」，就是「因為成熟，才能活得像個孩子般的燦爛」。

讓「內在小孩」真正地長大成熟，脫離「家庭的鉤子」，這也就是所謂的「出家」。當你已經如此，倘若你有下一代，你就會有能力用健康的方式去愛他們，協助他們完成獨立的自己，去做他們自己在地球上的功課。這不是什麼「大愛」！這一切都是很空性、很自在的，因為你已經都清楚了，你不會被那些鉤子勾住而有很多很多的「必須要」，所以對你而言，就只是自然而然地這樣對待下一代（包括任何人）而已。而以「脫離輪迴」來說，你就已經完成了很重要、很關鍵的人生功課了。

輪迴系統裡的 DNA 法則

講完了「出家」對你人生的重要性，接下來要更進一步去談的，是那個「輪迴系統裡的 DNA 法則」。

究竟什麼是「輪迴系統裡的 DNA 法則」呢？舉三個例子來讓你意會：

第一個例子是「靈魂伴侶」這個議題。很多人也很想要遇到「靈魂伴侶」，所謂的「靈魂伴侶」，就是你們是在陪伴彼此，通過此生的功課。這是很大的福報！可是為什麼大部分人無論怎麼期待，也碰不到呢？因為大部分人都是自私的，其實是對所謂的「伴侶」設下了許多條件，然後想要那個人出現來滿足自己幻想的人生畫面。可是像這樣愈有條件，你就愈得不到，這就是那個「輪迴的 DNA 法則」，這就是宇宙的真相，你能明白過來嗎？

有些人他們心中比較有愛，比較沒有在追求，是常常準備好要去為他人付出的（而不是去要），那麼「靈魂伴侶」反而會自然而然地吸引過來。那種吸引甚至會讓你的頭腦「跌破眼鏡」，因為你從來沒有想過你會喜歡他、會愛他這種類型，可是你們卻在相處之後，深深地吸引在一起了。

再舉一個例子：現在社會新聞的版面上常常可以看到，許多女孩子想去當空姐、想去接近上流社會，就是想認識有錢的公子哥，幸運的嫁入豪門；可是之後若被拋棄，人家給她一筆贍養費讓她維持著富裕的生活，她就拿著錢，靈魂卻很空洞地活著。可笑的是，很多人看到這種報導，心裡想的是：「什麼？每個月還有五十萬可領，那我情願一輩子這樣沒有關係。」如果你也會這樣想的話，並不是說你有這種想法是「錯的」，而是你就不了解這個「輪迴系統裡的 DNA 法則」，那你就會在輪迴裡面出不去了。

在輪迴系統裡面的真相是：當你沒有錢的時候，你就會一直想要錢；可是當你真正有錢的時候，你就會知道根本不是這麼一回事。

為什麼很多名人會得憂鬱症？「聯合公園」的主唱名利雙收，為什麼才四十一歲會去自殺？因為當他們達到目標的時候，他們才開始發現自己很空虛；別人想要有的他都有了，可是有了這些以後，更覺得人生沒有意義。可是羨慕他們的很多人，一直沒有爬到那個位置，還在底層轉呀轉地，就覺得自己都還玩不夠呢！所以不能了解那些爬到高處的人的苦。這就是那個「DNA」的旋轉現象：真的已經透過很多努力達到目標的人，卻發現自己空虛到想死；然後愈是沒有在努力的人，愈是充滿想像和羨慕。

這些爬到高處的人，也是經過累生累世的學習和努力，才累積出自己的聰慧和各種因緣條件（福報），讓他想得到的他都可以去擁有；可是當他擁有一切的時候，他就看到了非常大的功課，這個功課是一種比任何之前的人生階段都深刻的虛無感——這就是那個如同DNA般的旋轉性發生了——當你的太極的「白」轉到極致，沒有那個「黑」的時候，你會發現你的人生是非常空虛的，你的太極轉不動了，你沒有了動力，憂鬱症上身了，想死、想離開、不想看這些了！然後就對老天說：「為什麼我要做這種功課？我的人生意義到底在哪裡？為什麼我要來這世上走這麼一遭？」然後就在這個疑問中，找不到「我是誰」。

以上這些，已經說了一個「可以說的天機」，但是大部分的人會聽不懂；走到這一步的人則會感觸很深切，卻不一定參得破，找得到出口。

第三個例子：你要脫離輪迴的「鉤子」，是要在生活中去「出家」、去面對，這才是佛陀講的「出家」的真義。寺廟的建立、佛像的存在，本來是用來提醒你：「你是誰啊？你就是那尊佛！」本來佛像是要讓你感覺到：「對，我想起來了，佛就是我的本來面目，我本來是盈滿無缺的。」可是大家又都在做剛好相反的事了：來到寺廟時，變成都是到佛像前去求「佛啊！我想要怎樣怎樣、請讓我怎樣怎樣……」，就好像你只是一個渺小的人，只能向神去「討」。所以愈在寺廟裡面求東求西的人，他會發現他的生活愈多紛紛擾擾，總是難以心滿意足。這就是為什麼他一直在輪迴，因為他總以為正在做對自己有利的事，結果卻都一直剛好相反。

所以，如果你是那種，到了寺廟，對自己常常沒有什麼所求，都是說「祈禱國泰民安、大家都平平安安、健健康康」，你都是為大家的幸福在求的話，那其實你這一世脫離輪迴的可能性很高，因為基本上你已經打開「菩薩道」的天線，在走菩薩道了。

相反的，如果你到寺廟裡都是在求「我可以遇到好老公」、「我可以嫁入豪門」、「我可以變成有錢人」、「我可以遇到靈魂伴侶」……不是這些願望不好，而是你要知道，當你這麼求的時候，你的功課也就會來了。所以如果你覺得你現在的人生過得不如意、甚至很差，你要知道，這些都是你的人生發給你的考試卷啊！（只是你老是答得不對而已。）為什麼？因為你去跟神求了呀（笑）！你跟神求財，祂們不是給你財，而是把你被分配到「這人有金錢功課」那裡去做功課，你知道嗎（笑）？這就是這個 DNA 的旋轉法則。

本來是「無來無去」的，可是當你有所求的時候，你就有功課了。

看到這裡，有人說：那我就「無所求」好了！可是那是壓抑，不是真的你的生命成熟了，你其實是在害怕人生的紛紛擾擾，你想避免它，那麼根據「輪迴系統的 DNA 法則」，你就會一直遇到騷擾。

所以不要用「頭腦」騙自己，真正生命成熟的途徑是旋轉的，不是直線的，就像 DNA 的螺旋，是必須旋轉著向上的。所以你該怎麼辨呢？有所求沒有關係，不要怕！雖然會招來功課，但這些看起來像是絆腳石的考卷，同時也會是你的墊腳石，那就是要看你有沒有「勇

氣」了！那就是要看你有沒有「勇氣」了！那就是要看你有沒有「勇氣」了！（因為很重要所以說三遍）

穿越人生碰到的功課

因為要跨越自己的功課真的很難，跨越功課必須要打破你頭腦原先認為「對」的，甚至看到真相，你會很受傷的。可是也唯有經歷這些而柳暗花明，你才會體驗到，為什麼有些日劇的主人翁，到最後會一邊吃著飯團一邊流下感動的眼淚，因為你終於會感受到，宇宙間慈悲的力量（真的有一份愛），一直在無微不至的照顧你──透過之前所有你遇到的那些人、事、物，來點點滴滴的引導你。你就會感受到在《都可以，就是大覺醒》書的一開始寫出的那一段「密咒」（註），你自然就會進入對宇宙間慈悲力量的深深感謝。

然後因為你已經更上一層樓了，當你回過頭看看之前的你的那些想法與認知，你就會知道那是多麼的不成熟，你會感嘆那時怎麼會那麼想！這就是從感謝而來的「反省」；但因為這反省，你也拿到更多讓自己人生可以繼續往前走的拼圖，讓自己更有動力，也更知道方向了。接著，當你開始以這個新的清楚，實際改變你在生活中的作為的時候，這就是對你自己的未來、也是對周遭一切人事物的「奉獻」。

所以「奉獻」並不是一種對外的施捨，真正的核心，是對你內在的神性（清明的愛）

的回歸；換句話說，其實你也就是有一個內在的「出家」了——因為你脫掉了一個鉤子，去做對的事情了。

如果人生碰到功課你都這樣去穿越，積少成多，你會愈看愈廣、愈看愈透，那你反而會看出：人生根本可以有很多的甜，而不是很多的苦（人們都在妄做凶，而不自知）。這時，表面上你跟別人同樣在滾滾紅塵裡，但你看到的角度已經跟人家大不相同了。這個內心真正的成熟，所吸引來的，就是「豐盛」的蒸蒸日上；直到有一天，你就會來到那個「靈性成長的拋物線」的最後階段（老師現在也還在拋物線圓弧的那個階段而已），當你真的被「拋」上去的時候，你選擇什麼時候離開輪迴，將是可以自己決定的，你已經生死自在了。

通常達到了生死自在的這個階段時，你還是會有一段時間停留在人世間，因為你會知道，有一些權利義務（使命）該去做好，讓事情告一段落，所以這段時間就會繼續去做神的工作。所謂「神的工作」不一定是心靈工作或神職人員，說不定只是去做做資源回收、把錢都捐給自己知道有價值的用途上而已。但這不是一般所謂的「做好事」，而是發自內心的一種成熟——通常是不欲人知，不會去彰顯這些的；他不會有欲望要讓這些事帶有刷存在感的滋味，那又會旋轉進入輪迴了。

今天講的東西你若看不懂，是很正常的，因為只有少數人能夠了解家庭組合的真相，或是意識到這個「輪迴系統裡的DNA法則」，而能夠去脫離討愛的無盡追尋，進而長出慈悲的翅膀，脫離輪迴的。可是如果你看到這一篇卻很有感覺，你應該要趕快來上課，不要再虛度光陰了！因為你已經有些清醒，如果能把握著這份清醒往更上層次修，你很可能在這一世就可以解脫輪迴的；但若未向上走，慢慢地你也會再度昏睡過去的。

如果現階段你無法理解這篇文章所寫的事情，也沒有關係，請不用急著反應，只要在心裡留一個空間給自己，讓自己透過三年、五年慢慢去體會，那麼今天這篇文章，對你的幫助就會非常之大。也就是說，對於本文，你願意不是脫口而出立刻給個定論（就像網路酸民那樣），而樂意把它掛在你「內在空間」裡的牆壁上，就像一幅風景畫那樣常常去品味一下、感受一下，那麼你將會在未來，從這篇文章獲得很多很多的養分，這也是老師作為高靈的管道，給你們最大的祝福。

（註）請參考《都可以，就是大覺醒》一書P.16，章成、M. FAN著，商周出版。

☆「情」是鎖，「愛」是路

——再談「家庭的傷，要怎麼好；人生的悟，該怎麼開？」

親子之間如果是有愛的流動的，即便彼此在家裡面各做各的事情沒有交談，朝夕相處也會一直有一種甜甜的感覺。

有許多家庭則是：孩子會覺得，為什麼父母親都不會想了解自己真實的感覺，只是一直在關切他們在意的事？比較誇張的，甚至有些父母一直在忙他們的事情，每隔好一陣子才會突然萌生一個念頭：「咦？孩子最近怎麼都看不見人，要不要給他關心一下？」這些家庭裡面的成員彼此相處起來，有一種好像「你是你，我是我」的感覺，這種感覺很難形容，大家也都不會明講，可是在一起生活，就好像只是因為習慣與需要而已。

後者這樣的家庭關係，其實已經是不太健康的了，因為這裡面已經沒有愛的流動。在這裡面，作子女的偶爾會突然想：「親情到底是什麼？」作父母的也會突然覺得：「這些都只是一種義務吧！」而夫妻之間，有時則會偷偷看著沉睡的另一半，忽然想著：「這就是我要跟他睡一輩子的人嗎？」

如果你會疑問自己家庭的狀態，為什麼不像電視所演的，或是到了母親節、父親節，人家所歌頌的那樣？其實就是因為，在你們的家庭裡面，愛是沒有在其間流動的。那麼，高靈說，當愛沒有在其間流動的時候，所謂的「你有沒有愛你自己」就很重要了。

真正的愛是什麼？

比如說你是作子女的，那麼，你有沒有向父母親表達出你的需求、或是你想要被他們愛的這份心情？明白地去表達出這些，就是「愛自己」該做的事。

如果你有這麼去做，你就能夠從父母親的回應裡面，看到他們是否真的對你有一份愛，抑或只是因為血緣的關係，生了就要養而已？如果是後者的話，那麼也許離開這個家庭，對你自己日後的發展才會是比較健康的。為什麼呢？因為這樣你才會有機會去面對那條親情臍帶，其實是沒有愛在裡面流動的真相；你才有機會去面對與穿越，在你心底壓抑得很深的那個傷心與絕望，然後明白你必須終止這個負面的循環，重新把自己愛回來。

如果你還是一直待在這個家庭裡面，那麼你和父母之間的心結，就會一直增生且持續糾纏著你；而這樣的增生與糾纏，會使得你的人生沒有辦法往前走。你會發現，每當你知道什麼對你是好的，想要往前走的時候，這些你和父母之間的「不清不楚」，就會揉合成一種像是「情牽」的矛盾，讓你卡住無法舉步。然而其實無論是你自己或是你的父母，也沒有人因為這樣而過得更好；反而整個家庭會變成一齣「八點檔」劇碼，每個人每天都在別人動不動丟出的負面情緒裡面，互相碾壓。

父母與子女是因為在前世有著複雜的「情的牽絆」，才會在今生形成這樣密切的關係的。但是這些「牽絆」的內涵是些什麼？它不只是「愛」，因為單純的愛是不會有那麼多糾纏和痛苦在其中衍生的。所以你是否願意去把這些內涵解碼，看清楚其中有些什麼呢？（這當然也包括對自己的反省。）這樣你才能夠釐清你們之間真正的關係是如何，然後你才能夠知道，怎樣做會是真的對彼此都好的。

一直在情裡面思考的人，其實也不會給出真正的愛的。因為大家所謂的「情」裡面，其實也掩護了很多自己的軟弱和自私、占有與依賴，這也是我們必須去反觀自己的地方。那麼真正的愛是什麼？至少，它會是這樣的一種對自己真心的詢問：

我有沒有要認真面對自己的人生？

我有沒有要真正的獨立，去為我自己人生的夢想負責？

當你真的這麼認真的去問自己，而且打算要為自己負責的時候，你將發現，你馬上會面對「因果拉扯」的業力，此時就會有很多反對的聲音（包括你自己的內在）會跑出來要把你拉回到舊的循環裡。在這個時候怎麼辨呢？方法就是：你要把下面這兩個問題，像咒語一樣地不斷對自己重複提問，並且督促自己好好去思考，直到你愈來愈清晰：

我真正想要過的是什麼樣的生活？

真正的愛（包括愛自己）是什麼樣子的？

如果透過你和上一代相處的痛苦經驗，你去做了這兩個問題的充分思考，那麼你將來去尋找伴侶、乃至於生養下一代，你的成熟與清楚，才會讓你做出對的選擇，你也才有可能建立健康幸福的新生活，而不會再去複製原生家庭裡的痛苦模式。

百年孤寂

然而許多家庭其實都是得過且過地在彼此因果的糾結裡面，披上一個和樂的假象，讓它繼續下去而已。生日、母親節、父親節……表面上都會熱熱鬧鬧地慶祝，然而實際的因果糾結就暗暗地延續到下一代去了。也就是說，你的人生上半場，是你跟上一代的糾結和痛苦；可是你的人生下半場，又輪到你跟下一代繼續去痛苦和糾結。這樣的話，你的一生其實就是一直活在痛苦裡面輪迴，這樣你會甘心嗎？

也就是說，你得不到上一代的愛，然後你生了下一代，你就會想在下一代身上去得到那份愛，可是你將會永遠都得不到。因為你自己其實從來沒有長大，也沒有成為可以給自己愛的人，所以你就不知道「真正的愛」是什麼樣的品質（與什麼樣的智慧）。於是當你期待被愛的時候，愛就會被你想像得很偉大、很無條件；可是當你給出「愛」的時候，你卻又給得很控制、很自私。所以你並不知道自己是一個把自己欺騙得很深、活得很表面，卻自認為自己是很有愛的人。可是「因果」卻只會按照實際的底蘊去運行，所以等到你有下一代的時候，你就會發現同樣的糾結與痛苦，又在你和下一代之間發生了。那這是一種怎樣的人生呢？就是你的內心深處，會永遠感到孤寂。

也就是表面上雖然你有父母、有丈夫（太太）、有小孩、有公婆……有一堆人熱熱鬧鬧的圍繞著你，可是你卻覺得自己一直在勞勞碌碌、辛辛苦苦，並獨自吞忍著對家人，諸多不能說出口的失望，卻「好像也只能是這樣子」，然後就過了這一生。

當你讓這些「熱鬧」一直進行下去的時候，你會忘了你有這份孤寂、有這份對於「我是誰？」的茫然。可是別忘了，人都有走到生命盡頭的那一刻，當那個時刻到來時，這份深刻的孤寂感，就會再也無法躲避；然後你的靈魂就會感覺到，自己原先設定要來做的這些功課，都沒有去面對、都沒有做到，所以，你就會再來投生，並且再一次經歷同樣處境的考驗。

有的人想：「既然功課沒做到就還要再來投胎，再做一次同樣的功課，那就不急啊，時間多得是。」可是實際上的情形並沒有說的那麼容易。不想面對的事情，並不會到了下一世，你就會忽然願意面對了。在你上一世帶來的習慣裡面，你更會覺得，你那樣想、那樣做還是對的，所以你一下子就又重蹈覆轍了。而且因為上一世活得懵懵懂懂（很多情緒），不知道該珍惜什麼，就把很多福報也消耗掉了（貴人也趕跑了），所以通常下一世的資源是會更少的，要做這個功課困難度就更高。於是除非你真的是跌到了谷底，被巨大的痛苦逼迫到不行，然後還要能遇到有良師益友能幫你去整理出頭緒來，讓你知道如何回頭，不然問題留到下一世，是會更難改變的。這也就是為什麼神佛常提醒大家：輪迴的苦，甚至會讓人連前世已經弄懂的，又變得模糊掉的。

做牛做馬，其實是在討愛

所以有很多父母或子女，覺得自己在家庭裡面付出很多，是一直在「做牛做馬」的人，可是就靈魂功課來看，他其實是很混的。因為他只是用這些忙碌與辛苦，在告訴自己和別人「我沒有功勞也有苦勞」，但是自己應該要去正視、真正該去成長的部分，他卻都不願意去面對，也一直拒絕去學習，就只想按照自己現在的習慣去做事，還一直期望得到別人的感恩與回報。

其實，所謂的「做牛做馬」，也就是暗示這些都「不是你想要做的」，那你為什麼一直在做這些不是你想要做的事呢？因為你是打算在裡面交換些什麼，而不是因為對於生活能夠看見感謝，本著真心的感謝而去付出的；你也不是因為清楚自己人生想要去達成的方向，所以甘心樂意去付出的。所以你的「做牛做馬」，就變成了「別人都應該為你的付出感到愧疚」的一種情緒勒索的招數；變成了「別人必須犧牲自己的快樂來成全你的快樂」，才能回報你的一種陰性的索討。

真正該做的功課沒有去做、而去「做牛做馬」的父母，總想像著將來自己的下一代會來孝順他們、用他們認為的愛（的標準）去回報他們；可是他們就會發現，小孩子長大、有了自己的家庭以後，他們對你的回應，也會就像一個表面的親情那樣，時間到了就聚聚餐吃吃飯、你生病了就回家看看你，卻不會有你想像的那種「家庭和樂融融」的真實感受的。為什麼呢？因為你們的心本來就已經變成兩條平行線，而愛早已經沒有在其中流動了——這是從孩子小的時候就開始了，而且是由你自己開始的。

所以很多華人的父母即使小孩都長大成人了，他們都還不放手、不放心，還一直用對待未成年小孩那樣的心態去叨唸、干涉，怎麼也改不了。其實裡面有一個部分的原因就是：他們想透過做這些事情，來證明自己還是有一點用，才不會被已經成家立業的孩子們置之不理。

這種做牛做馬的人生，倘若有一天當你清醒過來的時候，就會看到自己其實一輩子都在討愛；你其實是一直為了討愛，在做那個「做牛做馬」的人。

很多人把這種行為模式，歸因於更上一代的教養方式或時代背景。但如果每一代的問題都要歸咎於上一代，那就什麼也不能改變了。其實人如果自己沒有去覺醒、沒有去清楚，當然人家給他什麼樣的環境，他也就只能夠在那樣的能量裡面生活，也只能去沿襲與傳遞同樣的模式，這就是家庭的傷為什麼可以從上一代傳給下一代的原因。而且既然已經在這裡面形成一個生活形態了，他也會覺得，必須抓住這個生活形態裡面，某些既得的好處，他才能安全地生存下去。所以即使是受苦，他也會一直留在那個舊模式裡面，不敢也不願脫離，而自己期待的某種更有能力、更自主、更快樂生活，也就永遠只是一個夢想了。

當「自己最期待的生活，永遠只能是個夢想」，高靈說，那你的人生格局在神佛來看，就是在「做牛做馬」，不然呢？

自己去找到「活出你想要的你」的路

所以如果你覺得家庭的問題讓你受了很多苦，千萬不要去羨慕別人家的上一代有多好，或是羨慕別人家能夠含著金湯匙出生，因為很多都是你自己的過度想像而已，而且也只會讓你愈想愈難過、愈往自己身上插刀（看不起自己）。真正能讓你自己活過來的，就是：

你能夠把自己碰到的家庭功課弄清楚，走出實際的困境，這才是最真實的去完成，你來投胎的目的。

當你踏上這條去清除自己困境的道路時，你逐漸開展出的清楚，除了會讓你療癒內心的受傷之外，也會讓你領悟到，那條屬於你自己的、會帶給你愈來愈多滋養的生活之道。然後你就好像踏上了一座階梯，一階一階地，逐漸感覺夢想中的生活竟離你愈來愈靠近！而這個「一階一階」，到後來也甚至會變成一條「上升的拋物線」——即在某一個時刻之後，你的人生會突然像拋物線那樣地精采起來，變得超過你想像的豐盛。

那麼你在這一世，就已經永久脫離了你先前的輪迴層次，不會再掉回去了；不但如此，同時你的靈魂也已經又往更高層次的天堂模式去演化了。

最後，我們做一個歸納與總結：

每個人在家庭中所受的苦都不同，當你有苦卻不去解開，它是會延續到你跟下一代的關係中，讓這份苦，換一個舞台重新上演的。

而想想，既然你的父母都已經陷在他們的煩惱中自顧不暇、已經活得不快樂了，那麼他們把你生下來，就難免會有一個隱形的期望，希望你能夠去分擔他們的苦。所以雖然他們在養育你的過程中，也有過那麼一些無私的愛的片刻；可是大部分的時候，他們還是寄望，你的發展，是可以去填補他們生命中的缺憾、平衡他們人生中的不足的。這心態其實是很人性、很正常的。

所以既然你的父母親連自己人生的喜悅之路，都走不出來，還要寄託在你身上，那你又怎麼能夠認為，他們應該懂得怎樣去讓你的人生過得快樂呢？所以這條路當然要由你自己去找到、去邁進，這樣你才能夠不再活在怨懟父母的情緒地獄裡。

也就是說，你要自己去找到一條能夠「活出你想要的你」的路。即使你的父母反對，說你自私，你也應該要去做。

因為這並不是自私，而是：當一個人能夠為自己的人生開展出更開闊的層次時，將來他去生養下一代的時候，才不會再重複過去家庭的傷痛，而能夠真正有愛地去為下一代、以及他的伴侶奉獻，這樣的人生才會是健康的。也就是：真正能夠「出家」，自己把自己過好的人，當他去建立家庭——也就是當他「回家」的時候，才能夠真正讓愛在其中流動。同時這份愛的流動也才能夠反過來影響上一代，讓原生家庭的舊模式，能夠逐漸朝著健康的方向更新。

高靈說，其實做家庭的功課並沒有想像的困難，只是你有沒有張開眼睛看，然後真的去行動、去做。如果你真的不知道該怎麼開始，你可以來上課，來學習怎麼踏出這一步；或是你可以先閱讀高靈的《地藏經》一書（註），這裡面會有很多部分，能夠帶給你啟迪自己力量的能量。

能夠真的把自己的人生過好，你就已經脫離了過去那個家庭苦難的輪迴了，那麼之後你就可以繼續去做更高層次的靈魂功課，讓你的人生體驗到更大的精采和豐盛。

屆時，當你再回頭看，你還會發現，你對你的父母在這一世所帶給你的體驗，無論是痛苦或是美好，你都會充滿著感謝！因為是他們推動你走上那個真正去活出自己、真正懂得愛的道路；而你也會對於跟你一樣來這世界做功課的他們，有更多的了解及耐心地等待。於是每當你的心想起他們的時候，你就會回到「慈」的感覺，而不會再有「悲」了。那麼無論這時候他們還在世，抑或是已經往生了，你都能感覺到，你和他們真的「團圓」了！因為你的心已經完完全全地重回到對他們全然的愛裡。

（註）《地藏經》一書為章成老師、M. FAN 老師傳訊，商周出版發行。

☆就從團圓飯開始，送自己一個智慧大紅包

國外有段影片，旨在告訴大家：平常在行進間，不要靠大貨車太近，因為大貨車有很多視線上的盲點。他們安排了一輛靜止的大貨車，邀請隨機的受試者坐上駕駛座，然後悄悄地讓事先安排好，本來躲在一旁等待的腳踏車、摩托車、行人、嬰兒車等，移動到大貨車四周事先已經做了記號的位置——那些位置就是大貨車駕駛視線上的盲點。

接著他們問受試者：「請問現在車子周遭，有沒有行人或車輛靠近？」結果這些受試者環顧了四周，都表示沒有。接著測試人員就引導他們下車實地看看，當他們看到車頭前方半公尺就有三個行人、側面就有一輛重機以及嬰兒車存在時，都驚訝萬分。

最後引導這次實驗的人問這些受試者的心得，大家異口同聲都說：「好恐怖！以後我要離大貨車遠一點！」

並不是你不好，只是有盲點

因為大貨車的構造與體積的關係，只要你一坐進大貨車的駕駛座上，很多盲點就發生

了。那麼，高靈說，你知道嗎？同樣的道理，當你一屁股坐進入一個「觀念」裡面去的時候，也有很多的真相，因為站這個觀點上，你就看不到了。然而當人站在某個觀念裡面的時候，又總會以這個觀念去評判或規範人家。

例如農曆春節家族相聚的時候，有的長輩就老喜歡問人家：「你怎麼還不結婚啊？」「你怎麼不去考個公職啊？」「你怎麼花那麼多錢出國旅遊，不多存點錢啊？」……他們所問的問題底下都有著自己認為一定對的觀念，而且問話的態度也因為是以上對下的關係，失去了對別人的尊重，所以通常被問的人馬上就會不高興。可是他們常常都沒有察覺到別人的不高興；甚至察覺了，他還是故意要去講，因為他覺得自己才是對的，沒有按照他的想法去過日子，就是錯的。

人與人會聚在一起，本來一定是有一些投緣的地方，或是因為是家族血親的關係，大家是願意互相支持的。可是當有些人比較自我，總覺得自己的觀念就是「對的」的時候，他就常常會用他的觀念去評論人家、干涉人家、要求人家，結果他跟別人的緣分就漸漸變壞、漸漸疏遠了。

所以有的人總怨嘆：為什麼我講話，家裡的小孩都不聽；為什麼我講話，老公就會一直挑我語病；為什麼我每次跟誰講沒兩句話，就很想要發火……其實，這就表示你真的有很多盲點。

如果你每次在講那些話或做那些事的時候，你自己都沒有去察覺可能的盲點在哪裡，只是一直重複你習慣的那一套想法和說法，你就會一直踢到各種鐵板，跟別人累積的怨懟也會愈來愈多，生活就會愈來愈往下走。然後當這些怨懟累積到一個臨界點的時候，你的關係就會發生「雪崩效應」，例如終於被打、被劈腿或被離婚……高靈說，本來是一段好的緣分，最後卻會變成孽緣，都是這樣演變來的。

所以，掃除自己看事情的盲點，是非常重要的；就像開著大貨車的人，必須學習怎麼樣注意視線的死角一樣。那麼，要怎樣開始去察覺到自己的盲點發生了呢？高靈說，其實有一個很簡單的方法：

留意跟別人交談時，你所感知到的任何的「不對勁」。

例如本來彼此正在好好地交談，可是當你某一句話說完以後，卻突然感覺到彼此交流的能量有一點不對勁，那你就可以在心裡頭提醒自己：這裡可能有盲點產生了！可能有我不知道的東西，在我剛剛講話的時候被引發了。

高靈說，人在交談時，都是伴隨著一種情緒能量在流動的，如果你一直有在留意對方的反應，而不是只顧著自嗨的話，你「講對話了」或「講錯話了」，其實是馬上可以感覺到的。那麼如果你敏感到，對方聽你講話的狀態本來好端端地，現在卻忽然有一些不對勁的時候，你就要立刻放慢下來、打個圓場、適可而止，不要再試圖繼續。因為這個「不對勁」已經在告訴你，目前你在你的「觀念的駕駛座上」，已經有看不到的盲點發生了！所以對方產生了對你單方面想流動的能量的不接受。換句話說，這裡面藏著自己可以再學習，而得到寶藏的地方，但如果不去再學習，你跟這個人就會從「好緣分」開始轉變成「孽緣」了。

所以當我們跟人家講話，察覺氣氛不對的時候，就要有個「覺」：「這裡面應該有我的盲點！」所謂的盲點，就是指「人家其實不接受我講的話」。那既然如此，我為什麼還在用這個方式講？為什麼我還在繼續強調我的觀念？

能夠看到「盲點」，你就是有看到自己的「功課」；而如果你在生活上一點一點地去看到這些「功課」時，都有去研究、去了解的話，你一定會變成一個更好的自己，那麼你的人生就會往上走了！

覺察盲點，視野愈大，智慧也會愈高

人投生來這個地球，就有要修的地方；而所謂「要修的地方」，意思就是指我們的盲點。為什麼要用「盲點」這個詞來形容呢？因為這些「要修的地方」地方會卡住，並不是你不好，只是你沒有看到！而這也就是我們為什麼要學佛的原因，因為學佛的意思就是要去學習去「看到」，也就是去「覺」。

人生遭遇到挫折、有瓶頸、有痛苦的時候，請記得，這些並不是代表你不好，而是有一些角度你總是沒有看到，所以才會不斷碰壁。但為什麼你沒有能力看到那些角度呢？因為你總是以一些固定的觀念或立場去看事情，所以那些角度就會變成你的死角，你就永遠都看不到了。如果你一直沒有去補足那些角度，那你去工作養家、生兒育女，辛苦了大半輩子，到後來不但沒有被感謝，還被怨懟、被背叛，你就會很想吶喊說：「我沒有功勞也有苦勞！」可是這句話何其哀怨呢？坐在一個「受害者」的位置上去怨怪別人、怨怪上天，除了自己的日子會愈過愈不甘心之外，愈是負能量，別人又離你愈遠了。

所以同樣的道理，為什麼有一些人會多做多錯，變成了別人口中所謂的「豬隊友」呢？他的初衷說不定也是很良善的，可是就是因為他觀念裡面的盲點太多，才會愈做愈錯，讓很多事情吃力不討好、甚至拖累了周遭的人。這種人生相信你也不會想要的。

那麼該怎麼辦呢？你就要開始有去「看」、有去「覺」，那你就可以開始改變你的人生。所以就從今年過年的團圓飯開始練習吧！無論講話、做事、幫忙別人的時候，都察覺一下你在跟別人互動的時候，有沒有什麼「不對勁的感覺」忽然發生了？如果有，你就可以把握這個機會，試著從這個地方去開啟更多的觀察和思考，看看自己是不是有「沒有看到的角度」？那麼你一定會開始有所獲益。小的獲益，你可以馬上轉變當下的處境；大的獲益，甚至可以清除自己人生模式中，很大的一塊絆腳石。

當你在生活中持續地看到自己本來看不見的盲點，讓它不再是你的盲點的時候，這種智慧成長的狀態，就像是一個人的眼睛本來只能看到一個弧度的視野，之外角度都看不見；可是漸漸地，他的視野弧度愈來愈增加，看不到的區域也愈來愈減小了。那麼這個視野弧度愈來愈大的人，他做人處世的能力當然也會愈來愈強大，智慧當然也會愈來愈高。到後來，當他的視野終於形成一個三百六十度的「圓」時；高靈說，這就是佛菩薩後那個圓形的「佛光」，所要表徵的意義。

所以請記得：人生中你遇到的任何困難阻礙，都只是因為有盲點，而不是因為那個你所評論的「對錯」與「好壞」。當你看見自己的盲點，你就能找到更高階的能力，也就是找到讓你可以脫困的出口，那你就不需要待在情緒裡面去談論事情的「是非對錯」了。

讓別人的角度來擴展自己的「智慧弧度」

在最後，也教大家怎麼樣去講話，可以對談話的彼此都更有幫助。

例如過年的時候，如果你是年輕人，長輩來問你，怎麼不趕快結婚？或是說你應該要去考個公職比較穩定等等。也許你很不以為然，有些反彈的話就想衝口而出，可是這時候你就可以用今天所學到的智慧去想：「這並不是對或錯，而是對方的觀念上有盲點。」那你就不會馬上說：「你錯了！」或「你不能這樣講我！」而可以這麼去說：「你說的也有你的道理，不過阿姨，你這樣講是有盲點的。」

當對方聽到你不是說「她錯了」，而是「有盲點」的時候，她就不會覺得傷人，而會覺得你的意思是：這裡面有她可以學、可以聽聽的東西。那你們的對話就不容易跑到情緒裡面，而可以導向比較有建設性的交流。

這樣說話容易帶來比較好的結果的原理，就是：如果凡事你都能夠用「學習性」的講法去說，而不是用「對」與「錯」去陳述的話，你就比較容易引導別人進入一種願意去學習的狀態。反之，你去觀察看看，只要是一開口就用「對」與「錯」去跟人家講話的人，他們都很容易跟人家槓起來，然而彼此最後還是只有情緒、沒有交集。

如果以後跟別人溝通事情的時候，你都能夠養成這種「不是對錯，而是可能有盲點」的表達習慣，你會發現，用這個表達方式去開啟你們之間的對話，彼此就會更不容易進入情緒，對方願意傾聽你意見的空間也會更大，那何樂而不為呢？

人從生理的構造到心理的個性，本來就是不完美的。例如我們的視網膜，因為感光細胞很不合邏輯地背對外界光源生長，所以先天就有盲點，是要靠兩隻眼睛去互補那個視野，才能掃除單一隻眼睛的視線死角的。既然如此，已經穿上這付人類的軀殼的我們，就不需要苛責彼此無法「將心比心」，只要一直讓別人的角度來擴展自己的「智慧弧度」，持續照見自己的盲點，那麼當你自己的「智慧光」愈來愈圓滿、愈來愈清晰，你的處事自然就愈來愈通達、愈來愈事半功倍了。

所以，就從這次過年的團圓飯開始，保持著跟別人說話的「覺」吧！把那「一點點的不對勁」的察覺，成為你給自己「智慧再升級」的最佳跳板！

☆回家團圓之後，有的人會想「出家」

不是每個人都喜歡「回家團圓」的。對有些人而言，那個「團圓」之中藏著巨大的壓力，甚至愈是在圍爐，他愈感覺到自己「沒有家」。而這樣的人多不多呢？其實是很多的。那麼老師想跟這樣的人說：在你靈魂所設下的挑戰裡面，絕對有你搆得著的出口、也絕對有你搆得著的幸福。所以對於家庭的課題，請你仍然要心懷希望，相信這一切是有解的。而這篇文章，就是寫給現在的你，去開啟一種內在的整理。

親子共構的輪迴

靈魂投胎成為同一個家庭的成員，互為父母、子女，當然是以前有它的因果。但是這個「以前的因果」是什麼內涵？不一定需要透過前世今生的回溯才能知道，其實你只要看自己現在（此世）的個性、習慣，就可以瞧出端倪，因為兩者是很相近的。例如說，你會發現自己的個性、習慣，若不是偏向於跟父親比較像，就是會跟母親比較像。也就是三個人會有這樣的緣分湊在一起，它主要的原因就是跟這些個性與習慣有關（註1）。

然而，既然人是來地球上做功課的，那麼這些個性和習慣之中，有一些就是有問題的，會讓你在人生中產生痛苦、衝突或矛盾的。也可以簡單一句話就是：它們是需要成長、改進的。

很多人覺得自己跟父母親相處起來很痛苦，是因為自己的想法跟父母親「很相反」，認為自己的受苦都是因為這個「相反」。例如有些小孩甚至在很小的時候，就覺得自己跟這個家庭格格不入，比如家裡都一直在賭博、玩六合彩、喝酒……他對這種能量是不能認同的，也討厭父母親很多待人處事的價值觀。可是有這種狀況的話，你反而一定要去想：那為什麼我會投生在這個家庭裡呢？當你深入地去了解，你會發現，你自己與你所討厭的父母親之間，其實是有更深的同質性的。也就是你只有看到「很相反」的部分，卻沒有去看到那些很相同的部分。

例如有的女生覺得，強勢的母親造成自己成長過程中很大的痛苦，可是他的先生卻可以從很多地方看到，其實老婆在很多行為上跟她的母親是很相像的。也有一些男生覺得酗酒的父親造成了家庭很大的傷害，可是他的太太卻會覺得，丈夫在很多事情上的逃避心態，跟他所不齒的父親其實是一樣的。很多不和諧的家庭，成員彼此常常互看不順眼、吵來吵去，可是全家人跟團出去旅行的時候，所有其他陌生的團員一看到他們個別的行為、舉止、氣質，都會覺得「那果然是一家人」。

所以高靈說，從你的習慣與個性中，你可以去找出那個「家族性」的部分，你就會知道，為什麼你今生選擇了這個家庭來投生。同樣的，你的父母親所帶給你的痛苦，其實一直提示著，你在自己的個性與習慣中，你該去修的部分。當你帶著這樣的「覺」去看自己，並且改變了那些習慣與個性，那麼這個成長上來的你，常常也會重新創造出一個與父母之間更輕鬆、甚至更喜悅的互動版本。

因為你的父母親，也不是真的想要永遠待在他們那個負面循環的模式裡面的，他們來投生，就證明了他們最內在的深處，也是想要改變這些部分的。只是他們也有跟他們自己的父母親的因果纏繞，這些因因果果讓他們迷失了、被困住了，甚至變態了，所以就變成現在這個只能一直用某種不健康的模式在對待你的人。

可是，說不定你的前世正是你父母親的爺爺奶奶呢！你們在輪迴之中，其實一直是「共構的」。然而，這個共構雖然好像是一種把彼此「拖下去」的負能量，卻也代表了你們之間，相對於其他靈魂，有較為密切的相互影響力。所以如果你找到了你的成長、你的開悟，其實反過來也會變成是：最能夠影響他們「走上來」的，也正是這個已經通過了自己功課的你。

也就是說，會成為同一個家庭的人，因為在基因的排列組合上是比較接近的，所以對彼此的脾氣、底蘊就會比較能夠掌握。因此當你已經通過了自己這邊的功課，你再回頭來看到問題在哪？有效的切入點在哪？其實就很容易了。

所以「幫助家人」絕對不意謂著，你要「犧牲自己」去「拉他們上來」。其實剛好相反，是你在這個共構的痛苦裡面，有你自己的成長和開悟時，那個新的你所自然散發出來的能量與了解，以及你從智慧裡面拿捏出來的相處方式，將是最能夠影響他們、讓他們能夠得到最適切的「點化」的奉獻，而不是你要刻意去對他們用力做些什麼。

以「情」「義」之名的因果纏繞

可是有一些情況確實也會是：當你做完了這個家庭功課，穿越了自己的誤區而成長了以後，你的答案會是「保持平行線就好」。也就是你會真的明白自己「要去過自己的日子」，而這就是現代版的所謂的「出家」了。像這種情形，通常是因為清楚地看到了：父母親其實對你是沒有愛的。他們的靈魂層次，還是停留在把小孩當作一個自我的延伸物；也就是他們人生一切的經營（付出），其實都是從自己的需求出發的。而且，由於他們的人生還沒有踢到足以醒悟的鐵板，所以他們還是想要繼續這樣「自我」下去。如果你清楚看到這些，你就會去過自己的日子，把他們當作是另一個人間的故事，客觀地去看待。

不過，就算你是真的因為清楚，而選擇跟你的原生家庭「保持平行線」，你還需要學習怎麼去處理這個「出家」的智慧。古時候的人家族束縛力很強，真的就是需要透過剃了頭成為僧侶，才能與原生家族切割，讓他們自己可以過上另一種生活。而現代版的「出家」，則可以學習怎麼去避免掉衝突，用智慧去四兩撥千斤地，擋掉他們想抓住你進入那個負能量循環的種種做法，然後很有智慧地將你們的「平行宇宙」逐漸分隔出來，讓他們對你愈來愈「無念」（當然這樣的智慧也可以透過來上課而學習）。

坦白說，如果「家庭」裡面沒有愛、如果你們只是「必須」生活在一起，你就會發現，有很多因果纏繞，把你們雙方都搞得七葷八素。就好像有很多人過年時就「一定要見面」，但是見面時又「一定要吵架」，每年總是不歡而散。還有很多家庭表面上看似和諧、和樂，可是私底下都在爭寵、競爭、角力。可是愈是上述這些表面上的家庭，就總有人愈會去強調「情」和「義」。這些強調「情」和「義」的人，其實是因為自己的不安全感和利益考量，希望抓住家人來給自己保障，所以才會喜歡以情和義的名義，去控制家人人生的選擇與發展。

「情」和「義」本來不是壞事，可是你會發現，通常很強調「情」和「義」的那群人，缺少了「清楚」。他們重視的是你有沒有挺他，而不是事情的真相是如何；他們重視的總是你有沒有對他好，可是卻很難尊重你的立場和選擇。那麼這個所謂的「重感情」其實只是一層糖衣，底下包裹的東西是他們自己很多的不安全感和不甘心，所以他們要透過「重感情」去拉住你。

如果有個人是真心愛你的，當你要往更好的地方發展，或是你要去過更快樂的生活時，他一定會祝福你，甚至會讓你可以很放心的離去，而不會一直明示暗示地告訴你說：「你就這樣不管我了嗎？這樣無情好嗎？你忘了我曾經為你付出那麼多嗎？」等等。所以古人才說「君子之交淡如水」，真正有愛的人，他對你的離去是會「目送」、「祝福」的，而且是真的打從心裡，會希望你活得更好。

反過來，你看大部分的八點檔連續劇都在演什麼？就是總是在罵人家無情無義、說人家「不孝有三，無後為大」等等。八點檔裡面總是有一堆人用各種「觀念」試圖束縛別人，以取得自己想要的利益，然後他們總是認為自己都是站在「仁義道德」的那一方。

所以有很多演化得更自由的老靈魂投生到這樣的家庭，就會很痛苦。但這也是一個非常高級的功課，因為這可以算是人間最難看懂、也最難通過的課題之一了。

以往有很多老靈魂正是因為這樣的功課難做，而去剃髮出家。他們並不是因為接觸了佛法，感覺到法喜充滿，想在佛門裡面鑽研一生所以出家，而是覺得，佛法把他們在人世間的痛苦、把他在人世間看到的真相，說得太對、太清楚了，所以才想「遁入空門」的。這樣他畢竟還是因為「悲」才去出家的，然而他若是真的想要脫離輪迴，最後還是要開展出「慈」，才會有完成地球功課的機會。不過這不是今天的重點，需要了解更多的話，可以做延伸的學習（註2）。

地球上大部分人的功課都在家庭

為什麼說家庭的功課是最難的功課之一呢？因為這裡面有你自己最深的寄託，也有你自己最深的恐懼，還深藏著某些你最不想承認的自己。所以你就會在裡面自我欺騙，也常常跟著攪和進去，難以自拔。而當你陷入家庭的苦，在裡面頭昏腦脹的時候，即使有人來告訴該怎樣去看、該怎樣去解脫，你也會聽不入耳的。為什麼呢？因為這些「情和義」，就像是某種「財產繼承」一樣，其實也是你想要的。

其實，我們每一個靈魂本來都是獨立的，當你真的尊重這個獨立，大家反而會是合一的。可是當你用觀念去強調所謂的「要合一（要去愛）」，那剛好就是分裂的開始。因為「尊重」和「祝福」，才是真正的愛，而真正的愛會流經所有的心，這些心就會「打從心裡」把真實的愛也回流給你，根本不需要你去呼籲、去討、去要的。可是很多的家庭都是表面上一直在強調愛、強調親情、叫大家要重視所謂的「家庭價值」，可是實際上卻是在說：「我想要的人生劇本，你們都要給我配合演出。」所以那些家庭的真相，就是每個人都在裡面受傷、裂解、想要逃離。

甚至於這些家庭之中的父母親，一開始的結婚原因就不是因為彼此相愛，只是想利用對方來完成自己想要的「幸福畫面」。所以他們也會騙過自己，一直以愛（情義）之名，去對彼此或下一代進行各種勒索而不自知。

高靈說，其實地球上大部分人的功課都在家庭，因為大部分的人都是帶著「家庭的傷」來投生的，然後又在新的一世繼續受傷與製造傷害。所以，請檢視一下自己跟父母之間，是否只因為血緣，而有一種盲目的歸屬感呢？還是說，彼此之間真的還有愛在流動？如果你曾經有想過要以「出家」，來讓你的父母和你成為兩條平行線，那麼你是帶著傷痕去「出家」的？還是真的帶著了解的清朗與喜悅，準備脫離輪迴而出家？這些都是很需要分辨的。

如果你看到這裡很有感覺，建議你好好地再去看看我們的《地藏經》和《心經》兩本書，你就會更清楚、更知道自己此生要修行的方向。而當你明白了這個大方向，你就可以真的來上課、來學習了。

所以我們也可以這麼說，現代版的「出家」，就是在「當下」看清楚任何情與義背後的自私（也包括自己的），而能夠選擇脫離這種自私，去讓真正的愛，能夠流動起來。也就是說，你跟任何人之間，應該保持著怎樣的空間或距離，使得你能夠讓自己心裡面的愛成長呢？當你看到了這個「空間」與「距離」，那就是真正有價值的「出家」了。

然而別以為這是個簡單的事情，如果你懂得上述這個拿捏的智慧，甚至你是有可能一世解脫的。

高靈說，其實大家生在這個時代是很有福氣的。例如手機讓我們每個人成為了「千里眼」與「順風耳」；而飛機則是你的筋斗雲，讓你可以一天之內飛越十萬八千里。你其實是擁有比古人更多的創造工具與能力，可以去體驗你的豐盛與自由。所以如果你把自己人生的功課搞清楚了，脫離掉那些「因果纏繞」，你會有多大的餘裕，去真正地享受這個世界呢！而你盈滿的能量，還能夠幫助你發揮更多的創意，去利用現代生活的優勢，創造出更豐盛的生活。那麼所謂的錢咬錢、錢滾錢，對你來說，根本就是最自然而然的事情了，你是完全不必再去擔心金錢的。

而高靈還說過，「富貴」與「智慧」是靈魂在生生世世中，可以帶著走的資產（註3）。所以當你這一世在某個課題上有去修行，那麼就算你還沒有解脫輪迴，你的下一世也會輕鬆很多。反之，假如你明明感覺痛苦，卻又一直在所謂的「情」和「義」裡面打轉，覺得人生就是所謂的「責任」和「義務」的話；那麼你可以去看看，電影裡面愈是在講「情」和「義」、愈是在講「我不入地獄、誰入地獄」的，都是哪種片型呢？就是「黑社會寫實片」，不是嗎？那你要一直活在這種片型裡面嗎？

所以，這篇文章如果有講到很多你心裡的點，那麼你就應該要行動了。因為如果你明明覺得很對，卻沒有下決心去學習智慧，解開這個家庭的功課，那十年後你會活得更好還是更不好呢？老師可以肯定地說，十年後只會更差。為什麼呢？因為家庭因果的纏繞，它在時間中只會消磨掉你的志氣、消磨掉你的福報，讓你愈來愈被拖累而已。而且當你在那個「不清明」的結構裡面投資愈多，你也會有愈來愈多的不甘心，讓你即使知道什麼是對的，也愈來愈不願意像今天這樣誠實地去承認與面對了。於是你的這一生，就會一直在這個家族的「因果纏繞」裡面痛苦，可是你那些該改的習慣與個性，仍然是「牛牽到北京還是牛」——逃避的人還是逃避、叛逆的人永遠叛逆、討愛的人繼續討愛、沒安全感的人永遠沒安全感……那麼今生這個家庭的痛苦劇本，就又要在下一世，再度上演一次了。

老師衷心地盼望明年的過年，你可以帶著智慧，真正地「回家」。

（註1）更詳細的說明請參閱《地藏經》P.24〈命盤即功課〉。

（註2）單堂課：「原來我是這樣來地球——靈魂投生的原理」。

（註3）請參閱〈「錢」是生不帶來、死不帶去，但「富貴」可以：顛覆你想法一堂的靈性財富課〉一文，出自《讓我的功課，變成我的精采》，章成著，商周出版。

2

伴侶不是相絆

☆為什麼我一直遇不到我的真愛另一半？

都年紀一把了，感情總是結空果，真的有所謂的「孤鸞命」嗎？該怎麼辦才好？就讓章成老師來為你打破單身魔咒吧～

本篇是為渴望有另一半，感情路卻一直無法開花結果的人寫的，但並非主張每個人都需要有另一半才是圓滿。我也認為，只要能讓自己過得很自在，一個人的生活也可以是很好的。此外，有很多人即使結了婚，夫妻之間的關係也很疏離，只不過是名分上已婚，心靈上還是覺得缺少另一半的，那麼本篇也適用於這種狀況。

為什麼單身？

有人把自己戲稱為「愛情絕緣體」，這形容著，似乎有的人的「體質」，會讓愛情的種子比較不容易在他身上發芽、長大、開花、結果。真的是這樣嗎？就我自己多年的心靈工作中所接觸到的個案而言，確實是如此。有些人身上所帶有的能量形態，會讓「成雙成對」

這種形容詞很難在他身上發生，在這裡提出幾種比較常見的類型：

1、自我保護心強的人：這種人經常在人性黑暗面上劃重點，不自覺啟動防弊機制，跟需要冒險受傷、勇敢奉獻的愛情違和。即便有了戀情，一邊付出也會一邊計算，於是戀情很容易告吹。（壓抑的、內向的、批判性強的人常屬於這一類）

2、提不起勁的人：因為各種原因，元氣常常不足、能量低的人，這樣的人即使渴望別人來愛，可是自己卻沒有力氣去愛別人，因此這種能量狀態會缺乏吸引力，會被別人直覺地過濾掉。（自卑的、身體不好的、常處於焦慮狀態的人屬於這一類）

3、自命不凡的人：自命不凡的人不一定看起來很驕傲，但是內心總偷偷地覺得自己應該是屬於「命運不凡的族類」。因此另一半還必須同時看起來也像個名牌包才行（不能是泛泛之輩），所以很難找到能與自己匹配的人。就算找到自認匹配的對象，也事事以自己的藍圖與標準為重，關係就不容易維持。（喜歡灰姑娘故事、或是喜歡追求開悟、老是在談靈修的人請注意啦）

4、非常豁達的人：這種人很容易走向無為，也不喜歡感情的沾黏，愈來愈向著一個智者發展，就不容易進入什麼浪漫的幻想或期待的心情。其實對這樣的人，沒有另一半也是OK的，倒是愛上這種人的人可慘了。（這種人不多，聖嚴法師是典型）

一直找不到伴的人，可以看看自己比較像是哪種類型？或是哪個比例多一點，再混上一點其他的類型？

一份長久的、美好的伴侶關係什麼時候到來，的確你很難預料，也無法強求，可是也不完全是推給一句「該來的就會來」就了事的，如果能夠改變上述的能量形態，你能吸引一段長久關係到來的機率確實會提升。

怎樣改變單身的能量狀態？

所以現在我們就來談談，怎樣改變上述的能量狀態（針對前三種，第四種人就不勞我們費心了）。

1、自我保護心強的人：愛的關係裡面有一種柔軟，是你既嚮往又害怕的。其實關鍵是，你必須重視別人的付出，而不是不自覺地常活在自己會有損失的想法裡。別人對你付出的時間和精神可是很值得珍惜的，當你「參透」這點，你就會很願意去感謝這份付出，甘願去回饋得更多，那就會形成一個正向循環。

2、提不起勁的人：當你習慣關注於自己「不滿意自己」的那些部分，忙著替自己唉聲嘆氣時，就使得你不自覺處於一種封閉狀態了。你需要「參透」的是，你是否願意長大，讓你的心可以裝載著禮物，去給予周邊的人呢？如果你能往聖誕老公公的作為多移動一點，你就會開始有成為萬人迷的跡象了。

3、自命不凡的人：這種狀態是最難的，因為你是在「舞台」上生活的，舞台上能遇到的也是演員居多啊！只能說，有一天當你真的了解，原來舞台上的人生真的不是「人過的」，你才會真的用你的素顏去活在當下，知道簡單平凡的生活有多麼可貴。那時候，你的能量會真的改變，你的真愛伴侶才會出現（而不會被你打槍）。

「孤鸞命」，我認為真的是有的，但那是個性，個性最難改，所以才變成「命」。

當然，如果你感嘆著一直遇不到真愛伴侶，但一問之下，你只是國中生，那麼……這篇不是給你看的啦，你這小屁孩！

☆情緒伴侶 vs 靈魂伴侶
——如何走入讓「靈魂伴侶」出現的途徑

要談這個話題，可以先從對親情的觀察開始。親情裡面，多半是「母」與「子」之間的感情最好，他們的連結與牽絆會比較深。

「愛的牽絆」是愛嗎？

那這種「牽絆」是怎麼形成的？就是在一個人生命裡，「媽媽對我最有愛」的那個狀況（一份記憶），會像一條潛意識中的臍帶，一直牽繫著這個孩子，無論他年紀有多大了，當他看到媽媽的時候，這條臍帶在心底深處就是有在「通電狀態」的。所以即使有些媽媽根本經常忽視孩子、甚至於虐待他，但是這個小孩子還是會想要這個媽媽；因為他一直會記得那個「媽媽對自己最有愛的狀況」，他會把自己的受苦，當作是跟有情緒問題的媽媽，一起在人生中奮鬥、共患難著。

雖然這個媽媽很多時候很可怕，但是這個被虐待的孩子，卻會在某些眼神交會的時候，從媽媽的眼裡看到這條「牽絆的線」是依然存在的、那個愛的連結還是存在的，所以即便他也知道媽媽對自己不好，但他還是會在被虐待的處境裡面忍受著，獨自放大著那份「愛的連繫」的感覺。

而對於這個施暴的媽媽而言，她也會在施暴之後感到內疚，這個內疚就會讓她不喜歡這個施暴的自己；可是當她下一次又在施暴的時候，那個「不被自己原諒的自己」，就會失控，會把孩子打得更加嚴重，比如也許本來只打兩三下，現在卻會打十幾下。為什麼反而會這樣呢？因為她的心裡在吶喊：「為什麼你要逼我這麼做！」比如說孩子哭得愈大聲，她就會打得愈用力，因為那是在說：「你為什麼要把這麼糟糕的我自己給引出來？我都已經壓抑住了，你為什麼又要把我的這一面引發出來？！」

經常，導致父母親失控打死孩子的悲劇，就是施暴的父母在這樣的心理機轉下發生的。然後，比如說，當這個媽媽真的把孩子打死了，她看到孩子一動也不動了，她就會呆掉了，她的自責和恐懼就會一波又一波如海水倒灌般不斷向她襲來；於是她為了抵禦這個快要淹沒她的自責，又恐懼殺死孩子的後果，她就會向自己解釋她也是受害者，例如因為小孩子很不聽話，才造成她的憤怒一直出來……云云，她會開始為自己辯駁。這就是為什麼有些虐死孩子的人被警察抓到，警察問她為什麼要打死孩子時，她會說盡各種理由，撇清責任。很多人看了這樣的社會新聞，總是怒髮衝冠，在網路上大罵怎麼會有這樣的母親，事後還可以如此冷血的謊話連篇……等。其實犯罪者的內心轉折是這樣的，如果你了解，也就不會感到意外。

講這種施暴家庭的例子，除了順帶讓大家更了解施暴者的心理機轉之外，也是從這裡面讓大家意識到，其實「愛的牽絆」的這條線，在孩子的心裡可以有多麼強韌！即便是不被善待，他們都能夠在裡面一直忍受、等待著。

所以同樣的道理，如果你希望能夠在你的生命中創造出靈魂伴侶，你要記得，人與人之間的相處，如果彼此真的有好好地愛過對方，即使只有一剎那，其實就會有這一條「感念之線」存在著、並振動著。那麼，如果你想要讓彼此成為彼此的靈魂伴侶，你就要讓這條線的振動不斷擴大，而不是讓很多事情去抵銷它。

施暴者的心理機轉

一對伴侶，雙方能一直去記住對方的好，因為感念而願意去成長自己、為對方奉獻，那麼他們所做的事，就是一直在讓那條「感念之線」的振幅擴大。可是大部分的夫妻並不是如此，他們生活在一起漸漸變成一種例行公事，為了生活的需要扮演著角色、要求著對方，於是那條線就變成是一條能量微弱、不明顯地潛藏在心底深處的「最後底線」，卻沒有能夠振動成為，讓兩人的生涯發光發熱的旋律。

當伴侶的關係演變成了角色的扮演與例行公事，其實你們兩個人真正的關係，是在漸行漸遠的；本來保有期待但是卻一直落空的雙方，雖然會自己去調適與壓抑，然而會有另外一條名為「怨恨之線」的連結線，也在彼此的摩擦之間生成了，這也是另一種「牽絆」，但是卻是進行著負面振動的。當關係中的疏離一直沒有去化解與滋養，這條「怨恨之線」的振動就會自動擴大。

伴侶關係的鐵則是：當你沒有往愛的方向前進，彼此之間的關係就是不進則退的。所以當這條「感念之線」愈來愈不振動了，而「怨恨之線」的振幅卻愈來愈大，彼此就會變成：當你看到對方的時候，每次都會連結到莫名的不佳情緒和不好的事情，而對方看到你時也是一樣的，連結到的都是壓力與討厭。

「怨恨之線」所放大的，都是彼此身上的缺點和盲點。每當事情裡面有你的想要或期盼，對方卻不能了解或讓你失望，這條線就會一直被撩撥出來，然後你們就會開始在這個振動裡面去爭吵、攻擊、放大對方的不好。

而當這條「怨恨之線」的振動愈來愈強烈，這樣的能量到後來，就會讓你們表現出嚴重的語言或肢體的暴力行為，例如有的人可能就會對另一半講出非常狠毒傷人的話，或是摔東西甚至暴力相向。

可是自己在情緒裡面做了這些事情以後，對於把彼此的關係撕裂得更大，也會覺得懊惱和後悔，因為自己本來是想要相愛，而不是要怨恨的；這同樣會產生如同上述所說的「施暴者的心理機轉」，在下次又發生爭吵、衝突事件的時候，反而會更加變態的出手把對方傷害得更為嚴重，因為他的心裡是在吶喊：「我是想愛你的！但是為什麼你每次都要這樣子弄痛我，讓我抓狂、讓我愛不下去？我要打你，要讓你知道你這樣子對我！不行！……」然後，當然，被打的一方也會在這個負面循環裡面產生各種反應，也許是回擊、也許是冷戰、也許是讓這段關係在心裡面死掉，然後用看不見的方式去復仇，卻賠上自己的人生等等。

那這就走到了「靈魂伴侶」的反面，也就是「情緒伴侶」。

情緒伴侶

「情緒伴侶」是指伴侶之間的互動模式，已經是以負面情緒的激盪為主了。所以並不是要打起架來才叫做「情緒伴侶」，例如有人跟別人明明可以和和氣氣講話，可是一轉頭過去跟配偶對應時，立刻就可以進入拌嘴模式。有時旁觀者在一旁看了，會覺得很奇妙，像這種夫妻，相信大家都看見過很多。沒錯，高靈說，好多家庭的夫妻，都是用罵來罵去的方式在相處，其實那就已經是「情緒伴侶」了。他們甚至已經習慣了這種模式，如果沒有用罵的，還真不知道怎麼說話，這都是關係已經走到扭曲、不健康的狀況了。

你周圍有多少對「情緒伴侶」呢？他們可能結婚二十年、三十年、甚至五十年……一輩子都快過去了，可是他們好像很不滿意自己的人生，又覺得已經不能怎樣，所以跟另一半「相看兩厭」的日子，就只好以所謂的「睜一隻眼、閉一隻眼」的方式過下去了。然而他們不知道的是，由於這個功課沒有做過去，下一世的伴侶關係，並沒有什麼好期盼的，他還是會找到另一個（或同一個）「情緒伴侶」，跟他繼續糾結下去。

「情緒伴侶」不一定要是夫妻關係，父子、母女，甚至於朋友之間，都有可能捉對成立。例如有一種「情緒伴侶」就是比較隱性的，不容易被察覺，它是發生在心靈的療傷團體裡面的人際關係。在那種團體裡面，由於彼此都有類似的創傷經驗，會讓人覺得「你好了解我的感覺」；可是如果他們的人生並沒有真的往前邁進，而是一直在這種「你好了解我的創傷」裡面互相取暖，甚至到後來產生了「我就是有這樣的創傷，所以人生沒有辦法前進」的共同信念，那麼他們就會變成待在那個過去的受傷裡面，去證明自己是有多慘的人。具體的表徵就是：他們只要人生碰到難處，害怕失敗而想逃避時，就會自我解釋說：「我現在變成這樣，就是因為以前有過怎樣的際遇……」

那麼這就是把情緒當作一個坑，讓自己跳進去不出來，逃避掉自己的責任了。而以這樣的認同聚在一起的人際關係，就會希望更多人能一起待在這個坑裡面，大家都不要出來，因為這樣才能夠讓自己安心地認為：自己這樣是對的。這也是另一種「情緒伴侶」。

但在這裡，並不是否認「療傷團體」的功能，它是有很重要的價值的，而有的人的創傷經驗，也確實需要較長的時間去陪伴與面對；只是這樣的團體當中，確實有一些帶領者在裡面利用了別人的創傷，找到了自己的存在價值或利益，而將團體無形中導向了上述「情緒伴侶」的關係，讓成員的人生，事實上沒有辦法前進。

還有一種「情緒伴侶」，是發生在網路上。例如我們常常在網路上看到所謂的「取暖文」或「點燈文」，為什麼有些人會一直去分享這類型的文章呢？因為他們在裡面會看到一些希望（就像在自己人生的黑夜裡點上一盞燈），可是他們往往只是想要重複那種「看到希望」的感覺，而不是真的準備好要有所改變（因為改變需要面對責任）。如果你誠實地發現，其實自己已經偏向於喜歡這類文章時，那麼你就要能夠覺醒和知道，在這些看似有溫度的，「我挺你」、「我很了解你」、「人生不就是這樣」的取暖文與點燈文底下，你已經是一個變得滄桑的你了。

面對這個世界和你自己的際遇，你是有著很多化解不掉的情緒的。而由於你已經很累了、失望了，又不想被隨時都會冒出來的不甘心的情緒折磨，想讓自己的心靈能夠平靜些，於是這些言之有理、又看似豁達的觀念，就會被你所喜歡；而這些看似能夠讓你的情緒，獲得暫時緩解的觀念，也將會吸引來一些同質性的人來卡進你的生命裡。

為什麼說是「卡進」呢？因為在這樣的「尋求心靈平靜」裡，你想要聽的東西、看的文章、交的朋友，就會形成一個「無法對人生真正的前進有所作為，卻反而會用『溫暖』來加深你相信這個滄桑的視角，而讓你無法有所作為」的牢籠。一旦你進入了這個溫暖的牢籠，你其實是把你的無奈和憤怒壓抑得更深、更多的，而在這樣的條件下所吸引來的友伴，表面看來似乎是「最了解你的人」和「心靈教誨」，其實那就是最不能夠讓你的人生再度前進的「情緒伴侶」，你就被「卡住」了。

所以所謂的「情緒伴侶」，廣義地來說，就是你與生命中任何一個人，在怨恨、不甘心、罪惡感、變形的滄桑……等各種情緒中共振所組成的關係。事實上，為什麼大家都說「人難做」，就是因為人的輪迴，大部分都是因為「情緒伴侶」的課題做不過，而被拉下來投生的。如果你的人生跟很多人之間真正的關係都是「情緒伴侶」，而你又沒有在這一世以智慧去化解，讓這些「怨恨、不甘之線」又不斷地擴大振動，你甚至會連用這一世好好地做自己人生的功課都沒有辦法，那麼你這一世的壽命是會縮短的，因為無法做功課的靈魂就會需要換一個身體，重新再來。

「感念之線」才能吸引「靈魂伴侶」

反之，「靈魂伴侶」是去與別人繫上「感念之線」，然後透過這個感念來修正自己、做自己的功課。這在剛開始的時候確實會比較辛苦，然而你的人生就會像一顆熱氣球，經過慢慢地加溫，慢慢地就一直提升上去了。在這個過程中，沒有跟你一樣做功課提升自己的伴侶，就會自然離開你；可是也會有一些跟你一樣做了功課的人，會加入成為了你更好的友伴（可能是朋友、伴侶，或是共同開創事業的人）。於是你的人際關係裡面，漸漸就會充滿感念之線，很多人都在你的周圍以感念共振著，那他們都會是你真實的貴人，也都會是你靈魂成長上替你加速的好伙伴。

為什麼說創造「靈魂伴侶」剛開始比較辛苦呢？就像你要讓一個熱氣球升空，在升空之前，你自己要先準備好很多裝備、接受很多訓練，然後你才可以走到去駕駛熱氣球、讓它順利升空的那一刻；可是創造「情緒伴侶」則是非常簡單的，因為負面情緒是會像滾雪球般快速擴大的，人與人之間只要彼此有個小小過節，以後它就可以自己愈滾越烈了。

談到這裡，如果你反省自己，覺得自己目前的生活裡面，「怨恨之線」是比較多的話，該怎麼辦呢？其實只要你有辦法讓情緒不再繼續滾、讓它能比以前更快降溫，這就已經是在提升了，起碼你能讓目前的狀況可以踩煞車，不再惡化，那也是一個很好的開始。

雖然說，要在身心俱疲或情緒複雜的狀況下做好「關係」的功課，確實比較不容易，然而有了這個「踩煞車」的好的開始之後，你也可以藉助於上課，把這些「怨恨之線」所連結的痛點，透過高靈的訊息，一一去清楚和了解，那麼在「清楚＝療癒」之後，你就會真的放下了。而當人生的痛點一一解除，你的下一個階段，就是會慢慢去體驗到，你的人生又可以前進了，又知道怎麼去創造下一個人生階段更大的「豐盛」了。你會感覺到，自己彷彿比前幾年的自己更年輕，因為你的滄桑感拿掉了，取而代之的，真的是收到更多「看的到」、「摸得到」的幸福。

而當你持續地往這個方向走的時候，你的靈魂伴侶就會在路途中出現。也就是說，你要先願意讓自己往這個方向走，你所渴望的「靈魂伴侶」才會被吸引而來（但吸引而來還是有功課要做）；如果你不往這個方向走，人生並不會持平的，而是很多的「情緒伴侶」就會自己找上門，開始跟你共振出充滿情緒的未來。

所以，你現在和你的另一半，是「靈魂伴侶」，還是「情緒伴侶」呢？也許有人說，我們好像是介於兩者之間。但是要提醒你，人生是「不進則退」的，你的伴侶關係要不是走向「靈魂伴侶」，那就會走向「情緒伴侶」，所以你現在的每一天，該怎麼做，才是為未來的自己奉獻？這是請你一定要去好好思考的。

靈修圈或宗教圈常在講「覺醒」，可是「覺醒」最「Basic」的功課，就是至少你要能夠辨識出，什麼是讓你產生正向循環的東西、什麼又是會讓你陷入惡性循環的因素；然後對於什麼事該做、什麼事不該做，你能給自己具體遵行的理路，這才是最基礎的覺醒。如果在實際生活中，你這些都看不清楚，也都沒有很細緻地去實踐，一開口就是禪啊悟的，那也是在生死輪迴裡面，給自己點燈取暖而已喔！

而確實，如果你的人生真的在親密關係上，造就了這麼一位「靈魂伴侶」出現，那你會知道，他的存在遠比任何財富、任何物質都來得美好且珍貴。

※延伸閱讀：〈做這三件事，吸引你的靈魂伴侶到來〉。

☆做這三件事，吸引你的靈魂伴侶到來

（不過，這篇文章還會告訴你更多更多你沒想到的事……）

有一部日劇《隱菊》（觀月亞理莎主演），描述兩個個性強勢的女人同時愛上一個男人的故事，故事裡面兩個女人內心的百轉千迴雖然動人，卻不禁讓人搖頭：「這個男人也太沒用了吧！搞不定自己的感情，然後讓兩個女人去鬥。」

其實會喜歡「比較強勢的女人」的男人，都是比較戀姐或戀母的，他們會想要年紀比較大的女性，在她們那裡得到一種依靠或溫暖（包容），所以這些男人個性中「小男孩」那個部分是比較多的，做事情的EQ會比較像小孩子，比較沒有擔當（會用情緒去決定，然後又逃避）。可是強勢的女性，剛好也會想去取悅和照顧這樣的男人，所以就常有這樣的配對。

一般說這叫做「互補」，大家說夫妻常常在個性上是互補的，其實這就是一種「對能量的平衡的渴望」，因為這樣的渴望而互相吸引，才在一起的。但是伴侶在一起之後，必須各自在自己的身上，成長出你在對方身上感覺到的那種讓你受到吸引的特質，這樣才是

真的叫做「互相」有「補」到，否則就會不斷上演互相吸引又互相衝突的劇碼，然後衝突很大的那一段時間，就很容易導致外遇或離婚的憾事了（這就要看流年了）。

也就是說，透過相處的過程，強勢的一方學會了柔軟，柔軟的一方學會了承擔，於是透過這段伴侶關係，你們各自做到了自己的功課，感受到了自己的內在更加圓滿、彼此也更加融洽在一起；而這種更天衣無縫的合一，也會讓你們倆聯手在外在世界創造出更豐盛的生活，這樣的關係，就是「靈魂伴侶」真正的意思。

所以「靈魂伴侶」是人去創造出來的，不是去苦苦尋覓的；當然也確實有那種「天作之合」的案例，但他們也一樣是自己創造出來的，只是是在前世修行，你沒有看到而已。所以不需要去羨慕別人，因為大家都一樣是萬丈高樓平地起，你要的話，現在開始做也可以。

先把自己變成別人的靈魂伴侶

怎麼樣擁有「靈魂伴侶」這樣的伴侶關係呢？首先就是：先把你自己變成別人的靈魂伴侶。如果你的意識到了「靈魂伴侶」這個等級，你就會吸引靈魂伴侶的到來；或者是，你就會把你現在的伴侶，蛻變成你的「靈魂伴侶」。這就是宇宙的法則：你要什麼都沒問題，只是你要先配得上。

那怎樣讓自己先成為別人的靈魂伴侶呢？無論你現在有沒有另一半，都是一樣的，對於身邊跟你相處比較密切的人，以下三件事你去做到，就會有效果：

1、對方有什麼優點，你要讓他去發揮。

這點看似當然，但事實上很多人因為自己的觀念，或覺得怕自己會有損失或麻煩，並不真的願意如此。連父母都常對孩子這麼做了，遑論夫妻及其他。

2、對方有什麼缺點，你要願意概括承受。

比如說你喜歡對方的強勢，可是強勢的另一面可能就是性子急、脾氣大，所以當他在性子急、脾氣大的時候，你會順著他這個部分，不會執著對錯，非叫他改變不可。這就是有些老夫妻講的相處之道，形容為「睜一隻眼、閉一隻眼」的意思。因為對對方有感謝、有愛，所以對他個性的缺點所帶來的不舒服，你是了解他的個性，願意給出包容的。

3、自己有缺點，知道會為對方帶來困擾，自己也願意慢慢去修正。

這點應該很容易懂，不需多做解釋。但很多人的想法是：「我平常也有貢獻啊！那我也有在包容你呀！我犯毛病的時候，換你來包容我多一點，也是應該的呀！」這麼一想，自己的架子就開始端在那裡了，每次明明自己有錯，就會變成「硬頸」，而很難去改變。

只要一直去做這三件事情，你就會逐漸成為「靈魂伴侶」等級的人，然後遇到靈魂伴侶，就只是遲早的事了。

福氣是要累積的

有人問：很多電影或小說，會描述人生跌落低谷的主角，因為遇到一個愛他的人，而整個人生得到了拯救的故事。他們相遇的時候，主角的人生總是正好一團糟，自己也有個性上很大的問題，可是就因為那個愛他的人願意等待、願意包容、願意不放棄地幫助他，最後主角終於走出了陰霾。直白一點地說，主角也不見得一開始是個「善類」，那麼為什麼那樣的主角，卻可以得到這麼好的靈魂伴侶呢？

這個就是所謂的「福氣」了，有人有這個福氣，絕對是有原因的。很深的緣分通常都不會只從這一世開始，所以像那樣的主角，在某些前世，一定也曾經對某些人付出過很多，所以這種形態的伴侶，他是乘著感念來報恩的。

此外，一個人現在的處境很糟，或是個性有問題，只是代表他的功課做不過去，不代表他的靈魂深處沒有藏著很美的特質，那個來報恩的人如果「心」的能力很強，他是能夠看到對方好的部分，而他就會去為對方奉獻，幫助對方穿越自己的功課，讓對方重新展現生命的光輝。所以我們所謂「不是善類」的人，在有愛的人的奉獻中，其實也會還原為很美的靈魂。

有關前世因果的運作法則，是很龐大複雜的程式，我們無法在這裡詳談，然而簡化地說：你願意先去做那個多付出的人，你就會遇到有人也會願意對你多付出。而這樣所形成的良善循環，就稱之為「福氣」。

所以，如果你發現自己的這一生，好像沒有什麼人願意為你多付出，甚至都是在利用你、剝削你、拖累你，或踩著你上去，那麼你就大概可以斷定，自己的福氣是比較少的；那麼你更要在這一世就開始改變，開始去做個主動奉獻的人。也許你還是發現人生依然坎坷，可是事實上你已經開始在累積你的福氣了；就算你這一世還不能明顯感覺到幸福，但起碼下一世會更加有福的。

要去清楚解釋這個，還是非常困難，因為這又牽涉到因果的複雜運作，只能簡化地來說：很多時候，這些人跟你的關係，就像是來跟你要債；可是如果你有這麼去做，他們也會比較快要到，之後他們就會與你解除這種「跟你要」的模式了。因此，莫因善小而不為，無論過去累積了多少負面的因緣，只要你願意從現在開始去增加你的福氣，慢慢地累積，也可以否極泰來的。

在這裡還要強調一件事，這是高靈特別要補充的：天無絕人之路，當你願意這樣去做的時候，上天也會給你在你的現階段，讓你能休息和平衡的所需之物，祂不會完全都不給你，一定會有。如果你不去做，你就不會看得到；但當你去做的時候，你就會看得到。

愛不能用討的

可是有的人看到這裡，可能又會有疑問：我已經一直在付出、做得也比別人多啊！我總是那個先伸出友誼之手、先釋出善意的人，可是就是因為這樣，我總是被利用、被辜負、被踐踏……如果我還繼續這樣付出下去，會是對的嗎？

這裡面就需要你來了解其中更細緻的道理了。其實，命苦福薄的人，本身也常常是缺少感謝特質的。有的人雖然如其所言，都是付出比較多、甚至做牛做馬的那個人，然而這些付出的原點，是由於「渴望」──也就是心靈成長上常說的「匱乏感」。他在這個世界上，一直希望別人會愛他、會對他好、會善待他，他是懷抱著這樣的渴望在付出的，然後他也會告訴自己，自己必須先去這麼做。可是這個生命底蘊──這個基礎的意識──是充滿想要、哀怨、匱乏的。

有很多人進入心靈圈，去參加宗教團體、成長團體……其實是因為這樣，因為他們覺得這些地方都是在講愛的，都是有慈悲的；這些地方強調的愛的概念，正好就是他們最想要的，所以他們就去接觸、參加了。可是當他們一直想要在裡面享受那個「愛的感覺」的時候，他們沒有發現，其實自己也是比較「只顧自己」的（只想聽、只想看、只想去切割出自己想要的那些部分），而他們雖然也會學著人家說的愛的樣子，去付出和表現出有愛，但那是一種交換，就好像遵守一種團體規則：「有愛」才是對的，所以我要去愛，大家都認為應該要有愛，所以我也要有愛（而且是這個團體定義的愛），這樣我就會被愛。

所以雖然這個人好像一直在做有愛的事，或總是願意先伸出友誼之手，或是先相信別人、幫助別人，但是，心底的深處是認為，那就是「唯有如此，自己才能夠被愛」的一種規則。這其實是在交換，不是真的樂意為別人「多付出」的。而因為必須遵守這個規則，就會讓他愛得沒有智慧，不懂得何時應該 say No，或是對誰應該 say No，因為他不敢 say No。連他自己都知覺到，「無法拒絕」這件事，一直是他人生最大的罩門。

然而不只如此，這樣的付出也很容易產生盲點。雖然他是先去付出的，但在心裡面，他想要透過這樣去要（討愛）的心情，是大於去給予（奉獻）的，因此他常常會看不清楚自己付出的方式或所給的東西，究竟是不是人家真的需要的；而因為他覺得自己有先付出，所以他就會在自己有需要的時候，去要求或審視別人有沒有回報，這種要求或批判的態度或許很間接迂迴，可是別人內心裡是感受得到的。

這樣的付出，並不會累積你的福氣。因為，只有你不知道、別人卻都能感覺得到，你的付出其實是有一種「重量」（壓力），是讓他們不喜歡的；而更敏感的人就會知道，那是你在間接「討愛」的方式。於是心態健康的人就會開始跟你保持距離，可是心態不健康（或想把你當作資源）的人，就會利用這種弱點（你的需要）來控制你去為他們做事。於是這就形成了一種人際關係的反淘汰機制，到後來，你身邊留下的全是不懷好意（或想利用你）的人，這也就是為什麼看起來好像很有愛、付出很多的人，卻一直被踐踏、被辜負、被利用，為什麼他們的故事老是這種「遇人不淑」的版本，你叫他脫離這些人，他也都脫離不了，真正的原理即如上述。

終歸一句：愛，是不能去要的，去要的話，你自己就會扭曲，然後也召喚出別人的扭曲，他們再回過頭來更扭曲你。

真心去去為別人真正的需要付出

再拉回到今天的主題來。要成為有福氣的人，甚至能夠讓自己的另一半蛻變為你的靈魂伴侶，你要做的事，就是願意真心去多付出，而且是用心去感覺對方真正的需要，去為別人真正的需要付出。

相信有的人看到這裡會覺得很擔心，因為誠實地面對自己以後，會質疑自己好像真的沒有愛？因為要去付出的起心動念，幾乎好像都是在渴求、都是在變形的索討，這看起來如此根深柢固，好像無法改變！對於這點，高靈說：不是的，這些看來牢固的模式，也只是你平常習慣的累積而已，它們只是看起來好像根深柢固，但其實是可以慢慢去削弱它的。當你警覺到自己的這個模式出現時，你就放下它，去做上面告訴你的那三個可以改變你人生的新行動，你會發現，它們不但會創造好的新循環，還會幫助你更快覺察舊模式，在舊模式還微細的時候就輕鬆地擺脫它，這樣你真的就已經慢慢在改變你的人生軌道，朝有福氣的方向移動了。

如果你還是覺得很困難，就請你去好好閱讀《奉獻》這本書，讓這本書幫助你開啟，你會去對生活感謝的天線，因為有了由衷的感謝之情，你很自然就會願意去多付出，而不會在期待與索討（頭腦的計算）之中了。這也就是為什麼，實際在生活中去體驗「感謝＋反省＝奉獻」是這麼重要，因為它就是真正能夠讓你「離苦得樂」的「真愛密碼」。

倘若連這樣，你都覺得很難上路，那麼就建議你來找老師，上老師的課或作個人的諮詢，讓老師手把手地，在實做上帶領你怎麼改變自己。當然，找老師是要花錢的，但是請你永遠記得，當你真心誠意，按照老師所說的去做改變時，你所得到的回饋，一定會遠遠大於你的付出，因為這個改變所帶來你未來精神與物質的收穫，一定會遠遠超過你今天所付出的金錢。

前面講的，是對還要待在輪迴系統中很久的人，那你可以用這樣的方式去累積你的福氣；可是如果你能覺醒的話，「一世解脫」也是可能的。所謂的「一世解脫」，就是你對輪迴有了整體的了解，於是你就能夠找到「回頭是岸」的開悟，不管累生累世累積了些什麼，全部都可以在這個「回頭」中一筆勾銷。不過要能修到這個意境是很難的，這樣的人也非常少，除非你碰到好的老師，又願意用這一輩子跟隨他去修，這樣一世解脫才比較有可能。然而，既然你現在看到這篇文章了，那你就可以開始去用你能夠明白的部分，在生活中開始去改變吧！

☆男人壓力很大時，伴侶如何幫他度過？

——談夫妻成為靈魂伴侶的修練之道

當一個男人壓力過大的時候，一般的狀況，他是不會說自己壓力過大的；可是你會發現，可能在一件小事情上，他就突然丟一個情緒出來，或是他最近變得比較煩躁。如果你有觀察到這兩種現象，很有可能他已經累積了很大的壓力了。

靜靜地陪伴

當你發現你身旁的男人已經壓力過大的時候，怎麼幫助他度過呢？就是「陪伴他」，可是並不是以平常相處的模式去陪伴，而是要刻意地去做一些調整。

首先，最重要的就是不要一直問他問題。

「有壓力」在人生當中，本來也不一定是壞事，只是壓力過多的時候，人會一下子不知道怎麼疏通。而一般來說，男人會想要自己找方式去拆解問題、消化它們。所以當他的問題還不知道怎麼拆解，你卻一直在問他問題，例如：「怎麼了？現在是不是這樣？要不要乾脆那樣？」雖然你是出自於關心，但是對男人而言，這會好像：他在修理一部複雜的機器，正陷入膠著的時候，你卻頻頻進來詢問他的進度。尤其如果你是帶著擔心和憂慮來關心他，他不但不會感受到你愛的那一面，反而會覺得你的擔心讓他壓力更大、更煩躁，因為他會覺得，這樣他就更沒有辦法冷靜下來，去拆解問題了。

此外，當他的結已經打不開了，你丟出的思路如果又橫生出更多枝節，讓他結上加結，他就會壓力更大。也許平常他還好好的時候，你丟出這些東西跟他交流，他是可以好好跟你談話、甚至也能從中獲益的；可是當他壓力很大的時候，也許就只是一點點的詢問，他也會立刻表現出粗魯的回應。所以你就不要在那個時候跟他去爭執說，我只不過是像平常一樣的想跟你討論，為什麼你要發那麼大的脾氣……等。因為，這個時候，他的脾氣真的就是會讓他控制不住。

比較好的方式就是你能靜靜地陪伴。例如準備好飯菜了，你就叫他來吃；衣服燙好了，你就掛在那裡讓他知道；也可以把他的棉被曬得香香地，讓他睡覺的時候更舒服。而其中的注意事項就是：飯菜他有沒有去吃，你不要去管；衣服燙好他什麼時候去穿，你也不用去問，你就讓他自己去決定。然後另一個重點，就是默默地觀察，他的壓力有沒有慢慢地down下來；如果過一段時間，你觀察到這個壓力已經鬆綁了，那就是他已經自己找到方法處理了。

如果因為男伴悶在心裡的壓力，使得你也有壓力，然後你就急著想用你的步調去介入處理，你會發現：沉不住氣的結果，經常是你自己因為他的回應不好，反而跟他大吵了起來，變成好像是你們之間有很嚴重的問題了（其實本來是沒有的）。甚至於萬一有一方在情緒當頭，還說出比較惡毒的話，你們甚至就會陷入「懷疑對方的愛到底是不是真的？」的地獄思考當中，那麼彼此的關係真的就「動搖國本」了。

反之，當你在男伴有很大壓力的時候，能用默默照顧他生活的方式陪伴他，不窮追猛問，同時也願意照顧好自己的心情，能暫時獨立自處。這份愛的付出，會比任何其他時候，都讓他更有感覺的。因為壓力大、情緒浮躁的人，他自己其實也知道，這樣應該會讓身旁的人不開心、有壓力；如果在這種時候，身旁的你的反應，居然是溫柔地允許他的不開心，還默默地給他照顧，等待著他。那麼這份愛的奉獻就像「雪中送炭」一樣，是會讓他覺得「這樣的關係，實在是很珍貴的」。

而你的這份「等待」，甚至也會成為讓他「突然看開」，找到拆解問題的靈感的奇妙助力呢！因為人在遭遇困境的時候，只要有地方可以「回家」——回到一份默默支持他、讓他可以回到愛裡面去休息的地方，那不用太久，他就會突然有力氣、突然有辦法的。愛就是有這樣神奇的力量。

替他製造休假

接著，陪伴壓力大的男人的第二個步驟，就是替他「製造一個休假」。

當男人壓力很大、一時消化不了的時候，其實他是應該暫時脫離一下這個壓力圈的，這樣反而會更快地讓脫困的靈感發生。一般人都是用頭腦在做事，可是頭腦運轉久了，就會陷入它自己的慣性；尤其當你一直在一個固定的環境裡面做事，你就很容易變成一個習慣的模式，一直在那邊重複。那麼如果遇到阻礙了，你幾乎就會依照原先的慣性更用力去做；即使事情依然寸步未進，你也只會加大力度地去鑽，結果就愈卡愈緊。

所以如果希望加快速度脫離這個慣性，有一個較大的休假，將會是很有幫助的。因為當人的腦筋放鬆的時候，他的「心」才會有感知，才能去收到高我的指引，來為他校正現在的道路（註）。

那怎麼樣「替他製造一個休假」呢？請不要說：「我覺得你壓力很大，你該跟我出去走走。」而要改說：「我看到了一個地方好想去，這個週日有沒有空，你可以陪我去嗎？」

因為如果你明說是為了舒緩他的壓力，所以邀他出去走走，那麼這樣的邀約就暗含著你希望驗收到成果的期待，那這個隱形的期待就會讓他更有壓力，他很可能就會拒絕你的邀約。試想，已經不快樂的人，還要出門快樂給你看，是不是很辛苦？所以後者的這種說法，會讓他不但沒有壓力，還會覺得剛好可以補償你，成功機率就會比較高。因為他也會知道自己最近變得焦躁易怒，正愧疚自己沒有辦法帶給你快樂，所以如果你可以自己提出你想要去的地方，讓他只是陪著，他會樂意這麼做的。甚至於他自己還會暗暗這麼想著：「也好，我也應該轉換一下情境，來讓自己透透氣。」

隨時看清狀況

到此歸納一下前面的重點：身為另一半的你，如果能夠在男人壓力很大的時候，做以下兩件事：（一）默默地陪伴照顧。（二）幫他製造一個休假。那麼你真的會很適切地幫助到他，他也會更加愛你。

可惜有很多另一半不懂這些原理，所做的事都剛好把自己變成了一個：每當男人在外面有壓力的時候，反而會一直給他增添更多壓力的人。那他就會愈來愈不喜歡跟你相處，因為每當他狀況差的時候，你都只會帶給他更多的負擔。

所以這裡有一個千古不變的道理：我們要懂得了解人家的狀況，才能夠獲得心想事成的人生。

人生要隨時能夠看到狀況是不是跟平常不同，然後這是什麼狀況？而不能無意識地跟別人相處。如果對方的狀況已經是不正常的，你平常那種「正常」的相處方式也必須要立刻調整，而不要拘泥在所謂的「誰對誰錯」裡面。因為這些都不單單是對與錯，而是宇宙間所有的人事物就像「流年」一樣，是一直在轉動的，那你也要能夠配合這些轉動去做動態的平衡，不然你就會暈車嘔吐。

在流年中，人都有壓力比較大的時期，就算是很認真成功、平常自信滿滿的人也會遇得到。就像一條河流，原本的河道是一百米寬，平常都可以順利輸水，可是總會有遇到氣候變異，突然一個強降雨，六小時下了三百毫米的時候，那它就有可能突然瀕臨潰堤邊緣。所以人與人相處，心底都要有準備，願意在特殊的時候多為對方擔待一些，這樣你們的關係才能經得起風雨，又更加親密。其實就算有很多事情同時擠進來，人只要能冷靜下來，不要急躁，一個一個去處理，還是可以解決掉的。

所以我們對伴侶的愛，就是要用在對方最需要的時刻。當他在壓力很大、情緒浮躁的時候，雖然我們可能被流彈波及了，但是如果你願意退一步去想：「那我可以在這個時候，用什麼方法去照顧他呢？」那麼後來你就會深深覺得，你給出的愛，其實幫助最大的，就是幫助了你自己，度過了一次關係的危機，並且讓你們之間的愛的連結，又更加牢固。

其實許多來找老師諮詢婚姻問題的人，他們的問題就是出在這個點上的。明明彼此都想要為對方好，為什麼到後來卻都是吵得不可開交，導致彼此對這段關係愈來愈「寒心」呢？就是當某一方有壓力、有情緒的時候，另一方的作法每每都是在火上加油，讓對方壓力不減反增所致。

人有情緒不能消化時，遷怒於身旁的人事物，其實是很正常的，你不需要在這個當口去論對錯，造成對方下不了台，變成更不能理性地跟你對應。這就是以前的人講夫妻相處，要有所謂的「睜一隻眼，閉一隻眼」的意思。但這句話的重點是，你這麼做乃是出自於愛的了解和包容，這樣的話，你就不會事後在心裡計上一筆帳：「我有忍你一次喔！」如果有記上一筆的話，等到下次又有同樣情形時，你們就可能會爆發更嚴重的衝突。

很多夫妻會吵到要離婚，都是因為每一次吵架都在算舊帳，舊帳愈算愈多，雙方就會愈覺得沒有辦法再繼續走下去。其實很多時候，你如果能夠用適合他的方式，來陪伴對方度過他的壓力期，他的心裡面其實是會感謝你的；那麼那個當下的忍讓，就會贏得日後彼此更深的愛的連結，你將來回想起來，就會知道那是值得的。

而且，如果你能做到這樣子的話，你也就不用擔心你的男人會去外面找小三。

夫妻如何成為靈魂伴侶？

人之所以會成為伴侶，一開始也都是互相心儀、覺得有很多話可以講的。關係會愈來愈壞，都是因為彼此開始覺得，有愈來愈多的東西不能講，或是不想講，講了反而會有壓力，所以才會變成愈來愈需要有另一個出口，因此第三者才會出現的。如果你能夠讓你的男人感覺，你知道怎麼陪伴他、他有什麼話都可以放心的講、也可以放心的不講，那你們在一起愈久，相處的默契就會愈好，溝通反而會愈順暢。那你就是他的「小三」，他壓根就不用去找小三了。

會去找小三的男人，除了天生花心的不談，其實大部分都是因為，他平常在公司裡面累積的壓力水位就已經很高了，本來就很需要排解，可是家裡的另一半每次看到他，就一直叨念他不可以這樣、不可以那樣。所以在公司他想逃、在家庭他也想逃，那最後他會逃到哪裡？就是逃到一個願意接納這一切的小三那裡。

其實男人雖然會有一時衝動的時候，但也知道出去拈花惹草是有很多危險的，例如會得性病、會被人家仙人跳，或是遇到那種難搞的，被纏上、鬧上，會身敗名裂等等。所以只要你更懂得在他有比較大的壓力的時候，怎麼樣去陪伴和照顧他，他其實會出去找小三的機率是非常低的。

當你們相處之間的默契與恩情，如此與日俱增，就還會有所謂「家和萬事興」的後續紅利。因為你們等於是所謂的「一加一大於二」的伴侶，很多事情到了你們那裡，都會變成因為你們兩人彼此的互補、合作，而讓所有會卡住的障礙很快消弭掉，變得成效更好、效益更大。所以你們的家庭一定會愈來愈豐盛，家運一定會往上走的。

反之，很多夫妻為什麼沒有辦法變成靈魂伴侶，只能是吵吵鬧鬧又離不開的「牽絆」

呢？就是因為彼此在相處的時候，會互相「卡來卡去」，削弱雙方的能量（削弱優點、放大缺點）。那這樣的相處所成立的家庭，就不會興旺，而會逐漸走到「貧賤夫妻百事哀」的狀況。

所以夫妻要怎樣可以成為靈魂伴侶？高靈說，其實就是當彼此都願意去看「對方需要被我照顧的地方」，而願意去擔待與包容，如此一直發展下去，就會成為一對靈魂伴侶了。

今天講的這些原理，理解起來很簡單，可是為什麼百分之八十的夫妻都是達不到的呢？因為大部分的夫妻其實都不知不覺地，以愛之名在勒索彼此，然後又在不愉快中不斷累積隔閡。說得明白一點，其實這些都是因為人性的自私，所以就無法享受到那種真正的恩愛，所帶來的美好。

所以如果真心想要去學好這門功課，你要能夠練習，在夫妻之間相處的時候，時時保持覺醒，有能力並客觀地去了解你的另一半更多，而不是習慣性地要求對方扮演「你要的那個人」。這樣慢慢地，你就會看到很多以前你從來不曾發現過的他，以及你從來沒有發現過的自己。然後你就會愈來愈明白，過去的那些衝突，解套的關鍵在哪裡了。當然你也可以來上課，讓高靈與老師的提點來加速幫助你，看到更多角度、更快放下情緒，讓這個難度較高的關係功課，可以順利地闖關成功。

人從戀愛時的甜蜜，到結婚後的磨合，彼此一直在提供彼此所需，理應是可以產生對對方更深的感謝的。但為什麼很多夫妻到後來會成為所謂「最熟悉的陌生人」呢？簡單一句話說，就是：兩個人各自的「自以為是」，就讓彼此走著走著，走成兩條平行線了。那你是不是願意讓這兩條平行線再度交會出一條幸福的「拋物線」呢？如果你真的願意的話，請先踏出一步，來學、去做，那麼你不用害怕困難，因為神佛絕對會在你該走的那條路上，溫柔地推你一把的。

（註）延伸閱讀：〈休息也要選對方法，你做對了嗎？〉，參見《放過自己，正能量就來了》一書，章成老師著，商周出版。

☆恐怖情人，是怎麼吸引來的？

——「下海時代」來臨，小心「虛情假意」

恩愛的夫妻，彼此相處的心境比較像是這樣的：看到對方就覺得開心，對方想去做什麼都好，都會去支持他。而恩愛夫妻的另一端，就是「恐怖情人」了，恐怖情人是什麼樣子的呢？比較像是下面這樣的狀況：

「你怎麼都不愛我？你怎麼都沒有對我好？你出去是要去幹嘛？討客兄嗎？」他的腦袋裡面都是這些東西，然而這些都是因為他的自卑心與玻璃心在作祟。你做任何事情，常常都會引發出他覺得你不夠愛他的投射，然後你就總是被迫活在他的「陰陽魔界」裡面。

分不清楚是「需求」還是「愛」嗎？

恐怖情人為什麼會如此？他們之中有很多人是因為在成長的過程中（包括前世的際遇），真的沒有被愛滋養，甚至沒有被善待，所以他的人格就演化成充滿生存的恐懼。當他自己因為生存的恐懼而去在乎一個人的時候，他誤以為這就是愛；他以為他在愛，而他也認為你也要像他一樣的在乎他，接受他的各種要求，才是對他有愛。

那麼，為什麼有的人會看走眼，交往上「恐怖情人」呢？其實這是因為，他自己也分不清楚「需求」與「愛」的差別。

平常會把自己的「需求」用「愛」來解釋與掩飾的人，就會看不清楚「需求的愛」與「真愛」的差別，所以他容易把恐怖情人對他的「需求」，以及在需求裡面所表現出的「很在乎」與「全心付出」等等的行為，當作是愛。於是就一步一步踏入了被「危險情人」控制與勒索的泥沼當中。

這樣的緣分，其實也是基於「吸引力法則」。很多人自己並不清楚，自己愛上一個人的時候，其實是愛上了對方的背景、財富、前途與光環，或愛上的是「對方對自己的超級重視，所帶來的滿足感」。但這些都是「需求」，並不是真正的「愛」。

所以，雖然這樣說很殘酷，但是為什麼他們會走在一起呢？真相是：因為他們都比較偏向「虛情假意」。

請勿誤會，這是良藥苦口，而不是在批判。讓我們來了解更多一些：

恐怖情人的「情和意」，其實是從自我（頭腦）的利益出發的，可是他卻一直在自欺欺人地說，自己是在「愛著另一個人」。明明他是在為了他自己的需要而去控制你，可是他總是把事情講成，他的所作所為，真的都是為你好。所以這個當然是「虛情假意」，很容易理解。

大部分的人，如果感覺到對方的占有欲太強，其實是會覺得對方有一種「不健康」和「過於自私」的能量，原本心動的感覺就會下降，會想要保持距離或者是離開。那會陷入恐怖情人魔掌裡面的人，為什麼會察覺不到「恐怖情人」身上這種不健康的能量呢？

其實並不是他察覺不到，而是當他遇到有一個人是如此地專注在自己身上的時候，他得到了「很被在乎、很被需要」的自我價值感，而這就像是毒癮一樣地很難戒掉。那麼重點就來了：為什麼這種「占有的愛」這麼吸引他呢？因為當一個人「這麼想要占有我」的時候，不就也等於「我真正占有了對方」嗎？請仔細去玩味這點。

會吸引來「恐怖情人」的人，在他的潛意識裡，其實是希望「在關係裡面，自己是處於比較重要的位置的」。但這不等於他在外表上是強勢的，甚至於剛好相反。也就是因為他是膽怯的，所以當他認為單靠自己，在這個人生中是無法成為贏家的時候，他就必須要有所依靠與攀附。當恐怖情人一開始，以無比的細膩與在乎去「愛」他的時候，他的內心就會湧出無比的喜悅，但那並不是愛，而是「我在此時此刻，終於大獲全勝地感受到我的價值了，而且，我感受到了強而有力的安心感」。

這種感覺讓內心深藏著無價值感的他，感到無比的感動。而他的膽怯和柔弱的這個部分，也因為遇到了這個強而有力地，可以照顧與在乎他的人，而覺得人生有了靠山。這兩件事都完美地由一個人來「契合」了！所以即便後續對方開始出現不合情理的控制、甚至於暴力的行為，把他打得鼻青臉腫，他也會一再接受對方的道歉，並接受對方要求的行為模式，以便讓魔鬼「變回」天使，再一次回到那個「被愛的天堂」。

這就像是吸毒上癮的人，即使付出愈來愈高的代價，也還是渴望買到毒品一樣。同時，由於自己的個性是柔弱和膽怯的，對方的威脅也真的會讓他心生恐懼，不敢分手，因此即使狀況已經發展得很離譜，他也會想辦法讓自己「想逃的心念」轉彎成「再給對方一次機會」的心軟。

所以沒有人是單純的受害者，這就是「可憐之人，必有可惡之處」的意思。所謂「可惡之處」，並不是說一個人是壞蛋，而是說，一個人為什麼會淪落到這樣可憐的境遇呢？這其中必然也有他自己應該要反省的地方。那他願不願意去反省呢？這才是重點。

在「自我」裡培養的關係，像八點檔

除了「恐怖情人」這樣的伴侶形態之外，高靈說，其實人世間有很多的愛情關係、夫妻關係，也只是「酒肉朋友」的「情人版」而已（註）。也就是說，雙方只是因為可以各取所需，或被很多既得利益（或恐懼）綑綁在一起，所以表面上好像真的有那份牽絆，也特別會去強調自己情深意重；可是那種「彼此擁有」其實只是一個表象，他們在心底裡，其實時常在評估，維持這份關係對自己究竟有多少利益。在社會中，在大家會形容為「8＋9」的那個層次的人，這種「酒肉朋友」式的兩性關係，是特別的多的。

五年級以上的人，就會記得以前有一些比較「玩咖」、「七逃仔」的青年人，反而會在機車上貼一些像是「踩在夕陽底，愛你一萬年」這種情呀愛的標語；或是貼上一些偶像的照片，好像很支持、很力挺等等。可是這些他們自認為的「心中有愛，胸中有情」的宣示，都是很粗糙和用來自我證明的「我甲意你」。他其實覺得，他愛你是看得起你，你不要不識相；可是他看得起的東西如果過一陣子變了，那你就是個Nothing，他就會找各種理由把你踢開。

因為他們所謂的「愛」其實是很自我的，所以當他們跟別人在一起的時候，焦點常常都是放在「你有沒有愛我」、「你有沒有對我好」、「你有多在乎我」……上面；那個「我」都很重要，他們對「愛」的感覺與認知，都是跑到這塊領域去衡量了。然後他們就會把在這個領域裡面的開心、難過、嫉妒等等心情，定義成是「我在愛你」。所以為了「我的女人被多看一眼」去打架，他會覺得這是他在愛你的證明，可是明明那是因為他覺得自己的勢力被侵犯，只能說是他愛他自己的證明，但他就是分不清楚。

一般心態健康的女生，遇到這種男人會覺得太沙文，就會想離開；可是活得比較「8＋9」的女生，感覺卻會大不相同。她們其實是喜歡看到男人們為她爭風吃醋、為她打架的，甚至於這個「被多看一眼」，就是她自己刻意去製造出來的事端。因為她看見男人們為她而爭鬥、嫉妒，就會有很大的快感，這就是隱藏在這些女人心裡面的征服欲。所以你會看到許多電影描繪黑社會裡面，一些販毒走私的男女搭檔時，常常會把他們塑造成男人充滿占有欲，女人卻又是一有機會就會去跟別的男人勾搭的角色。這樣的能量形態的兩個自我，常常會配成一對。可是這樣的男歡女愛其實是「虛情假意」的組合，兩個人其實都很顧自己，只是在關係裡面各取所需罷了。

但是自我愈大，衝突也就愈多，所以大家俗稱的「8＋9」，他們的愛情常常都是比較戲劇化的，甚至於他們認為有這些激烈的反應，才是熾烈的愛。可是因為他們的自我很大，所以每段戀情的結局都不會好，他就會覺得自己的情路總是很坎坷。所以很弔詭的，愈是喜歡把自己的人生搞得很戲劇化的人，愈會在爛醉的時候呼喊：「我只是想要一份單純的愛！」然後你還會常常看到他們流連在酒店。

為什麼要流連在酒店呢？因為「8＋9」層次的人，很喜歡證明自己，所以也很喜歡聽人家吹捧他，那麼酒店小姐就是最懂得虛情假意、最知道怎麼樣演，可以滿足他們要的「感覺」的人了。所以當他們喝酒作樂的時候，也都在那裡講情講愛、愛來愛去，明明自己也知道是花錢才能坐在這裡的，也知道這些都是假的，可是就算是假的，他聽了也很爽，還是想要可以一直這樣聽下去。

「虛情假意」像吸毒

高靈說，「虛情假意」就跟吸毒是一樣的，它就是一種你自己也知道不真實，可是還是要去被麻醉的「溫柔鄉」，而這就是一種「變態」。為什麼呢？因為你很清楚，無論快錢或慢錢，你賺錢的時候其實都是感覺很辛苦、壓力很大、要看人臉色的；可是當你回家面對自己的父母妻小，彼此都沒有辦法有更溫柔、更支持彼此的能量流動，那你就會很需要這份「虛情假意」來平衡，即便是用錢買到的都好。

「虛情假意」就跟小孩子在想像的世界裡面玩耍一樣，如果只把它當作是一種「情緒的抒發和流動」，那它也有它一定的功能；在某種相對位置而言，它也可以為你帶來暫時的平衡（有其好的作用）。可是如果你把那個「虛情假意」當真了，你就會掉入陷阱，後續就會帶來許多災厄。

例如說，酒店小姐其實只是在賺錢，不過人家當下也提供了你要的「虛情假意」，照理說這也就平衡了。可是如果你讓自己上了癮，你就會變成流連在裡面，沒有真的去面對你的問題，在真實的世界裡面，去找到讓愛真實流動的方法；那你就會愈來愈想要把人家的「虛情假意」，當作真實的東西去在意和要求。

可是到酒店消費，都是花大錢的，所以一旦你想要弄假成真，你就會開始像吸毒的人一樣，掉入「地獄模式」之中。吸毒就是在一剛開始，你對毒品的用量不大，人家也會賣你比較便宜；可是當人家感覺到你愈來愈有需要，就會開始愈賣你愈貴，然後你的財務就開始失衡，人生也開始在各方面崩壞。流連在酒店也是如此，當你對假的情意一頭栽進去，不願看清楚真相，你就走入了地獄的世界裡面，被妖魔鬼怪控制了一切。

這裡以酒店為例，可以讓我們了解，為什麼有很多男人會掉入他明知是「虛情假意」的陷阱，就算鬧得妻離子散、家破人亡，他還不一定能夠覺醒。

所以「恐怖情人」也可以是男性，也可以是女性，這跟性別是無關的。一段關係裡面，你們是不是兩個「自我」，在用「虛情假意」來掩飾那個各取所需？或者，你是不是甚至變態成了，明知彼此是虛情假意，你也要了？

如果是的話，就算不是在酒店，而是在家裡，你的人生也一定會變得愈來愈危險、愈來愈恐怖的。

當然如果你的人生還沒有這些經驗，或許你聽起來是比較模糊的，但你只要真的交往過一個比較玻璃心的、比較自卑、控制欲比較強的情人，今天講的「恐怖情人」你就會比較能夠懂。可是為什麼你的人生會碰到這樣的經驗呢？甚至有的人還常常一再地被這一類型的人所吸引？如果你知道自己有這樣的狀況，那麼請你來上課，因為你自己的內在有很多東西，是沒有處理好的。如果你的「因」沒有去處理好，你的「果」自然會一直如此展現。

這也才是真正的「學佛」，學佛不是到佛堂念念經、打打坐，暫時得到平靜就好，那個只是「助行」（輔助的方法），而不是「正行」（真正治本的方法）。學佛是讓你能夠「看清楚」許多事情的來龍去脈，然後知道下一步怎麼去做，對自己或他人均能受益，這才是學佛。

你的錢是花在真正對的方向上？還是花在其實是像吸毒一樣，只是寄託卻無法提升，反而讓你漸漸走入懶惰逃避的惡性循環裡面的人事物上呢？能夠在生活的方方面面，去明晰地分辨這些選擇，這就是「有覺」，這樣的覺醒才是真正的學佛喔。當你在生活的各方面都有智慧去分辨你的作法與觀念「是會讓你向上？還是向下？」的時候，你花錢的方式也會變成，真的能夠幫你賺更多的錢進來的「富爸爸模式」，那你也會在你的人生裡面，看到愈來愈多的豐盛和喜悅。

德不配位，苦酒滿杯

這跟大家現在熱中於談論的選舉話題是一樣的。如果說你很羨慕一些北歐的國家，他們在居住環境、工作人權、教育、福利等等各方面，都有很先進和優質的表現，那麼你要知道，那個「優良的社會」也是透過那裡的人民，一年一年、一票一票去選擇出來的。這個過程雖然不盡然是順利的，也有很多時候因為做了錯誤的決定而蒙受損失。可是如果這個社會裡面多數的人是有在真誠的反省（不是反省別人，是反省自己）——也就是有在「覺」的話，那麼這些錯誤的經驗，反而能夠幫助他們更加清楚自己的盲點，把該做的事做得更好、更細緻；那麼他們的公民日積月累，就可以創造出一個比我們更豐盛、更宜居的社會環境。

所以人生是要腳踏實地的反省自己、學習智慧的，不學習智慧就想出來賺、出來撈、出來愛，你就會賺到「苦酒滿杯」。很多酒店小姐私底下的感情路都很坎坷，常常被男人騙，為什麼呢？他們上班的時候不是都在騙男人嗎？怎麼還會被男人騙？這就是大家可以去思考的。

還有很多一出社會就只想撈錢的小妖小怪，他們也覺得自己有在學、覺得自己很機靈，可是到後來都是被人家「螳螂捕蟬，黃雀在後」——被更大尾的妖怪給吃乾抹淨了，這又是為什麼呢？

而最大的重點是，為什麼他們都要在那種「虛情假意」的模式裡面討飯吃呢？為什麼不這麼做，他們就覺得自己賺不到錢、什麼能力也沒有了？高靈說，其實原因就是：他自己知道，他想要企求的位置（或成就），以現在這樣的自己來說，是「德不配位」的。可是他又不願意真實的去付出、長期的去累積，所以他就開始允許自己去「虛情假意」，透過「虛情假意」想要走各種捷徑，來不勞而獲。於是想要快速成名的小咖，就總是上演那種被大咖白睡了的戲碼，這就是那個「虛情」，總是被「假意」吃掉的地獄鐵則。

所以不願意去面對自己「德不配位」的人，就會喜歡待在「虛情假意」的世界裡運作，他的人生就會有很多「浮誇」背後的無奈與坎坷。八大行業的人以前常常到KTV裡面唱「苦酒滿杯」或是「酒國英雄」這種歌，高靈說，其實那種生活就是「地獄」的某一層，他自己還不知道他已經是地獄裡的眾生了呢！

今天為什麼特別跟大家談這個「虛情假意」的主題呢？高靈說，其實是因為，現在的時代又走回到「很多人紛紛下海」的階段了。很多人正在這個M型化社會裡面，因為「看得到吃不到」，而開始讓自己走入「虛情假意」的作法裡面抄近路；無論交友、工作、甚至連婚姻，他都允許自己用「虛情假意」去謀、去求、去出賣自己。也就是說，他並不是走正途，用「利己利他」的智慧去創造豐盛，而是想依靠包裝、故事行銷、種種槓桿的操作去獲得不名副其實的名利，這樣的人是愈來愈多了。

而這個趨勢，高靈在我們兩年前的課堂裡面，已經跟學生們詳細地解釋過，當時是用一句話來形容：接下來的幾年，將是「下海的年代」。也就是更多人會放棄良知、放棄自己的道德底線，為了名利出賣靈魂。可是他「下海」了以後，他在夜深人靜時，就會一直點唱「苦酒滿杯」了。你可以觀察這類型的歌，已經又流行回來了，只不過換個新世代的曲風而已。

這些年輕人甚至不知道有「苦酒滿杯」這首歌，但是他們的生活方式，已經開始重複那個軌道：你會看到愈來愈多年輕族群拉K、喝酒、流連酒吧、笑貧不笑娼、毫不遮掩地用姿色賺錢、參加各種包裝過的老鼠會撈金……他們並不是不知道這些投資項目根本就是騙人的，他們是認為，只要自己不是最後一隻老鼠，就可以做。

三十年前的台灣，那時候很多人是因為貧窮而下海，所以像是《酒女》（陳小雲唱）、《苦酒滿杯》（謝雷唱）這種歌，都是先在八大行業裡面大流行起來，才紅到社會上去的。但是經過一個世代三十年，時代又走回來了，而且這次變本加厲。現在不只是八大行業在虛情假意了，是更多行業都在拋卻道德良知，紛紛「下海」。那麼試問所謂的「拼經濟」，真的有這麼正確嗎？為什麼拼了三十年拼成這樣呢？不過這不是今天的主題，我們就先不談。

靈魂伴侶是自己修來的，不是「遇到」的

敘述這些的重點是：所以你看，輪迴並不需要一世，我們在活著的時候，就可以看到輪迴的。如果你現在是五、六十歲的人，請透過這個社會的發展，看看這樣的輪迴有沒有意義？這樣的社會發展，是不是一個笑話？那麼同樣的，如果你五、六十歲了，你覺得你的人生過得不好，沒有在這一世去找到你應該找到的智慧，只是想說，我都老了，接下來的人生尋求平靜就好；那麼你下一世的輪迴，就還是要繼續走入你的功課裡面，還要再苦酒滿杯一次，直到學會這個功課為止喔。

其實你的人生已經有了很多閱歷，它們是可以讓你汲取出很多智慧，來讓你的晚年，開出會讓你真心覺得喜悅的蓮花。但是你的很多觀點，把你自己限制住了，這是非常非常可惜的。

有很多人到了晚年，因為對人生有遺憾、對死亡有恐懼，就跑到宗教裡面去，想為來世鋪路，甚至看看能不能往生到更好的世界，不要再回到這個輪迴。高靈說，如果想要有更好的來世，甚至希望能夠一世解脫，那麼你真正該做的「正行」，就是現在趁著你還在這一世的時候，好好地整理你的人生，讓它整理出更多智慧來，讓你的心回到更多的清楚以及真正的開闊，那麼來世才真的會更好，甚至才有可能真的一世解脫。

而如果你是年輕的一代，你從你周遭認識的朋友圈中，確實也有看到這種「紛紛下海」的現象，而且你又能看得下去這篇長長的文章的話，那麼要恭喜你！這表示你已經是有「覺醒」的人。因為這篇文章你分享給某些朋友，他們是看不下去的！並不是因為這篇文章的篇幅，而是因為他看了會痛苦，這篇文章太真實地說出了他不想面對的自己——那個靠著「虛情假意」在討生活的自己——所以他會看不下去。

所以這篇文章，是寫給可以看到這裡的你的。時代可以又重複、又輪迴，一再演出許多荒謬的劇碼，但是你的人生，並不需要被這個集體的輪迴給拉下去，你是可以一個層次、一個層次，一直往上演化的。如果說輪迴是一個老是回到原點的圈圈，你的人生則可以是一個向上的螺旋！這就是跟著集體意識去走，與跟著智慧去走的差別。

就如同親密關係也是一樣，很多人都期望遇到靈魂伴侶，但靈魂伴侶是自己修來的，不是「遇到」的。如果你真的願意修，那麼神佛就會在你的後面輕輕推你一把，你會一直在很多關鍵點，得到點化；而每個關鍵點你做對了選擇，就等於立刻縮短了好幾年、甚至好幾世的輪迴。這樣的「縮時」效果，還會隨著你的智慧累積，變得愈來愈強，甚至到後來你會發現，自己現在一年的進展，就已經等於以前的三年、五年，甚至十年。那麼你就會明白為什麼高靈說，學習智慧的人所切入的人生發展軌道，會是一條向上的拋物線了。

而那些想要繼續在「虛情假意」裡面求活路的人，就會發現不知不覺經過了大半輩子，為什麼他們的人生還是一如當年地活在不被愛、不甘心、不喜歡自己的感覺裡面？為什麼好像有很多隱形的牆，讓他的人生處處碰壁，好像許多事就是無法如願，只能歸因於無常？然而被「現實」架著走的他，卻是更加的難以回頭了。

（註）描述此類關係的例子，可參考《絕望中遇見梅爾達》一書（方智出版，章成著）的故事中，主角枝芳和同事 Jason 的關係。

☆你的愛，是在解決問題，還是在製造問題？

有時候你很忙，實在很想把某些事情交給某人去代勞；然而一想，事情如果交給他去做，很可能會讓自己更麻煩，所以還不如自己做比較快吧！你曾經有過這樣的感嘆嗎？為什麼那個明明是近在咫尺、本來最可以幫忙你的某人，卻會讓你有這種感覺呢？

因為，「有能力的人是在處理問題，沒有能力的人是在製造問題。」答案也許像是這樣。也就是說，沒有能力的人也想要處理問題，可是在這個過程中他總會製造更多的問題。

例如你請某個人去處理一件事情，結果他每一個程序都要回來問你說：「這樣對嗎？」「要這樣還是那樣？」或是每做了一點點進度，他都要發訊息來回報，說他做了什麼什麼，要讓你知道他有在做、希望得到你的讚賞。這其實對於忙碌的人而言是一種困擾，因為一直要分神去幫你做判斷、為你的每一個動作負責，甚至還要一直感謝你、嘉許你……那麼與其找你去做，還不如自己去完成比較快。

「善意」還要加上「覺」

今天我們就要來談談這樣的現象：有一些人，他認為他是想要幫助別人解決問題，可是對別人而言卻剛好是在製造問題，可是他自己卻不自知。如果你也是這樣的人，你的生涯發展一定會碰到「隱形的天花板」，無法再受到別人的器重，甚至會被別人很有技巧地打入冷宮去。而若是在夫妻關係裡面，這種不自知的狀況，則會形成彼此感情最大的殺手；明明彼此也沒有什麼重大的衝突或問題，關係卻一步一步走到瀕臨破裂的局面。

最典型的「問題製造者」是發生在網路上的笑話影片當中。男生問他的女朋友等一下想吃什麼？女生說：「都可以呀！」男生說那我們就去吃披薩，女生立刻說可是披薩前兩天吃過了；男生又提議那就去吃燒烤，她又說她今天穿這樣不適合……總而言之，到最後男生發現她根本不是她說的「都可以」，而是「沒有一樣可以」。你一直在幫她處理問題，她的角色卻變成在製造問題。

然而，這個女孩有沒有意識到，她已經不自覺地變成了一個「製造問題」的人呢？其實是沒有的，她並不是有意的。

很多人不喜歡開車的時候，被副駕駛座的人一直「提醒」，可是副駕駛座上的那個忍不住一直要「提醒路況」的人，也總覺得自己是善意的。他會說：「我也是在幫你留意，為什麼你要對我這麼不耐煩呢？」直到有一天他自己終於坐在駕駛座上開車，才會明白為什麼。因為開車的人掌握方向盤的時候，很多反應都是反射動作。如果有人在旁邊一直插播進來說：「那裡有一個人要注意！」「這裡有一部車過來了！」雖然你覺得自己是善意的，卻會讓駕駛人開車的節奏被你不斷地干擾，他會覺得這樣子反而更容易發生危險。所以你這樣做對他而言，就等於是一直在「製造問題」。

對於事情在掌握之中的人而言，他的狀態就是一直在處理問題，本來他處理的好好的、也不會有情緒，可是當狀況外的人一定要進來插一手、或頻頻提問關心的時候，他就會感到討厭了。

例如有很多婆婆到兒子家去的時候，看到媳婦洗碗的方式、做飯的方式、東西擺放的位置，她覺得不夠好、不夠方便，就會馬上想要去教、去建議，甚至直接把人家廚房的東西改換位置。雖然說，這些方式也許也是可行的，但是由於媳婦依照自己的慣用手、身高、處理東西的順序習慣，本來已經演化出自己覺得順手的做事流程，一旦這個脈絡被插入了另一個脈絡的思惟，其實對媳婦而言，通常是會造成困擾的。可是婆婆總會因為認為自己的經驗更老到、做法更好，反而以為自己是在對兒子家提供了貢獻。其實，就算也許真的是如此，可是也有可能人家心裡真正的想法是：「我每天下班回來已經很累了，所以這樣子就可以了，並不想做到那麼好。」

所以這裡絕對不是在說誰對誰錯，或是「只要這樣做就是錯的」。而是說，當你心懷善意要去說出意見、提出問題，或要對人家做什麼事情之前，如果能夠多一個「覺」先想一下：「我現在想要說出口的話，或是即將要做的事情，對於對方現在的狀態而言，是在處理問題呢？還是在製造問題？」只要你多一點點這樣的「警覺」與「思惟」，就可以了。

不要小看多了這一點點的「警覺」所產生的助益喔。高靈說，很多夫妻、家庭之間，為什麼會有摩擦，感情為什麼愈來愈糟，其實問題都是出在這裡。而在日常生活裡面有這樣一點一滴去「覺」，這才是真正的學佛，也才是佛法能夠讓你最後走向「脫離一切苦厄，究竟涅槃」的原因。

例如有的父母親總是在孩子要出門的時候，叮嚀一堆老生常談的話：「你出去要多穿點衣服啊！」「過馬路的時候不要看手機啊！」「不要忘東忘西啊……」人家今天明明已經很趕了，可是就必須要把你的話聽到完才能夠走。那這種作法其實相對於對方來說，就變成在製造問題，不是在解決問題，而且父母的愛非但沒有傳達出去，反而產生了反效果。很多家庭其實都有這種問題：有一方總是一味在做他想做的事，沒有根據對方當下的狀況去做調整。如果看到孩子已經很趕著要出門，作父母的說：「快去快去！有什麼事我會打簡訊給你。」這份愛才會「入心」的。

所以你的愛對別人而言，是在解決問題，還是在製造問題呢？縱然你是出於關心，但是這些事情只是你想做的、你想決定的，還是說那些真的是別人希望得到的呢？如果你的愛有幫人家解決到問題，人家就能夠充分感受到你的愛；可是如果你的愛總是在造成別人的「卡住」，那麼甚至你得想想：那真的是愛嗎？

人與人之間光有愛還不夠，還要有「覺」

也許有些人的「愛」，只是從自我的角度去闡釋的，對別人來講，這份愛卻是負擔、是自我中心。所以要去愛的人，是要先觀察別人的需要，或是在過程中有去溝通、了解，這樣所做的付出，才比較會是在幫對方解決問題的。當你所做的事讓對方歡喜了，彼此的愛才會有流動，你自己也會更開心的。

當然也有一些人對別人其實不是真的有愛、也不是真的關心，而且正因為這樣，他更不管你當下的狀況怎樣，一定要按照他的意思「走完一個既定的流程」，好表示他是有愛、是關心你的。例如你住院了，他要來探病，之前先一直來詢問地址、詢問病情，可是說好的時間又一改再改、要來不來的。等到他真的要來的那一天，又不自己先做好功課了解交通路線，結果迷路遲到，還要勞動人家家屬去接他等等；終於到了病床面前，又一直在夸夸其談，硬要給人家建議這個、建議那個。等他走了以後，病人跟家屬都覺得好累。

這種人常常都在把人家的時間卡住、消耗人家的能量，只為了要讓人家覺得他有做什麼事情，或覺得他有在參與、付出。這其實不是愛，是一種自私。可是這些人在家庭裡面也常常是這樣的，他們會很喜歡講「親情」、講「家人要互相照顧」，可是其實很多事情他第一時間的考慮，都是自己的利益和方便，然後再用很多假動作去做「表示我有愛」的事情，要你認可他。然而實際上只要有他參與的事情，都會複雜化，而且變成是他的表演舞台。所以在家庭或家族裡面跟他相處過的人，都會覺得有一種說不出來的悶；因為自己的心其實感覺到的是對方的自私，可是頭腦上卻還是想要相信對方是真的有在愛，所以內心就一直在那裡衝突。反而是那個自私的人卻好像總是可以隨心所欲地，任意擺布整個局面。

當整個家庭都被這樣的一個成員擺布的時候，有一些人看清楚了這個真相，就會想要離開這個家庭、不想要再待在這個家庭裡面，他就想要「出家」了。

可是話說回來，即使很多父母、夫妻之間是有愛的，如果你很用力地，一直想去「證明」你的愛，那麼常常你的用力，也會讓你做出對對方而言，是一直在「製造問題」的行為，所以你們之間的關係也一樣會漸行漸遠。

你看是不是有很多夫妻相處到最後，往往變成是一方不停碎碎念、另一方開始裝聾做啞的模式呢？難道說他們之間都沒有愛嗎？其實很多也是有的，可是為什麼他們會把自己變成一個碎碎念的人，或是一個不想回家的人呢？答案就在於：他們所給予彼此的「付出」，常常是在「製造問題」，而不是「解決問題」（例如一直用擔心來表達關心、一直急著要改變對方等等）。當這種作為日積月累以後，彼此的愛就會變形成「忍耐」、「抱怨」、「逃避」等等的模樣。

可是當彼此在這些抱怨與忍耐裡面，持續累積負面的能量，有一天因為一件小事終於火山爆發的時候，那時所表現出來的模樣，就會好像彼此之間真的只剩下仇恨、只剩下莫大的鴻溝、只剩下對這段關係完全的失望了。於是兩人就開始認為，這段關係可能只能夠選擇結束了。

所以人與人在一起，光有愛是不夠的。如果你沒有「覺」，你的愛就會給別人「製造問題」。一天兩天還沒有關係，就像有些愛問東問西的叔叔阿姨，過年來你家坐客，忍一忍他總會回去的；但是若是經年累月要密切相處，這樣的關係一定會把彼此的人生都拖累下去。

打個比喻說，本來該賺一千萬的人就會變成只能賺一百萬；本來能賺一百萬的人，就會變成只能餬口度日。所以人家說夫妻結婚以後，有的人是一加一大於二，有的人卻是一加一小於一、甚至變成了負數。為什麼呢？因為你們兩個人走向了互相耗損的模式。

「互相耗損」的夫妻，就會覺得彼此今生來作夫妻，真的好像是人家說的「相欠債」。可是生活上又好像密不可分、也有必須要在一起的理由，不能夠分開，所以為了不要讓自己那麼痛苦，相處的模式就變成是「睜一隻眼、閉一隻眼」。可是這種「睜一隻眼，閉一隻眼」

是不健康的、是壓抑的，於是很多時候，其中一方就會得到癌症。

因為一定會有一方是屬於更容忍（更壓抑）的一方，他的系統就會比較衝突、內耗，那這一方的人是比較容易得到癌症的。

所以夫妻既然要在一起，你們就要讓這份關係「一加一大於二」。如果只是「等於二」或甚至「小於二」，那你們之間一定是有很多作為，是一直在為彼此「製造問題」，沒有溝通清楚，也沒有去為對方調整的。那這些地方就是你們的關係之間，有需要去「療癒」的地方，那些結是你們一定要去打開的。否則日久年深，愈來愈多東西都會被牽扯進來，讓你們卡住的地方愈來愈多，而卡久了以後，你們就會「卡到陰」！什麼意思呢？就是你們的正能量都被彼此卡掉了，只剩下負能量。

所以，人相處在一起是在「事半功倍」，還是「事倍功半」，就端看你們是在為彼此「解決問題」，還是「製造問題」？夫妻會成為一對，本來彼此都有互相吸引的地方，可是由於也是兩個不同的個體去結合的，所以本來也會有各自的主觀和個性存在。所以如果你可以先思考到，其實對方也有為我們提供貢獻的地方，那麼對於相處起來會有卡住的那些部分，就會願意用更多的時間去等待、溝通、再等待、再溝通……如果你能夠以這樣的「長遠心」去耕耘，你就是用「慈」去取代你的「悲」，讓彼此相處的品質在這個「慈」裡面，漸漸進化為一個更喜悅、更為彼此加分的版本。

然而原理容易懂，可是人一碰到自己的習性、情緒和盲點時，我們就很難超越它，甚至很快就成為那個製造問題的人，更不用說要去解決問題了。所以這就是為什麼要來「學習身心靈」的原因。很多原理與原則，透過閱讀文章，你是可以明白的，可是上身心靈課又是做什麼的呢？就是老師可以從你個人的相對位置，讓你去看到更多實際生活中的細節、看到很多你不曾看到的角度，然後你就夠在很多的「對號入座」當中，把自己的結給一一解開。

有「覺」，危機也是轉機

最後我們來做一個歸納與總結：

所謂的「幫倒忙」或「豬隊友」這些形容詞，其實就是在提醒我們：當你想去為別人做什麼的時候，得要先有所覺察、進入狀況，你的言行才能夠切合別人所需，而不會讓人家困擾與嫌棄。有的人覺得自己也很認真付出，為什麼卻愈來愈被討厭（或冷處理）？如果你感覺自己有這個問題，那麼幫助自己改善這個狀況的方法，就是經常使用我們今天講的這個關鍵句去問自己：「我現在這樣做，是在幫人家解決問題？還是製造問題？」

例如你想到一個問題覺得擔憂了，以往你是會立刻打電話給你的老公，希望能夠馬上得到他的回應，安撫你的掛慮的。可是現在你多了一個「覺」去留意：我的老公現在正在做些什麼？他是不是正在忙？或是正忙完才剛要休息？我適合現在丟出這個問題、或是打這通電話嗎？我能不能先把我的問題筆記下來，集中一個時間再來討論，這樣是不是更有在幫彼此解決問題？

又例如以前公司同事只要有新的提案，讓你覺得要面對未知狀況的時候，你總是不自覺地一直說「可是……可是……可是……」，讓人家覺得你一直在拒絕。然而你現在會多一個「覺察」去看到：我其實只是反射性的擔心，還沒有深思熟慮過，所以我是不是應該先花點時間把我擔心的事情好好想想，是不是就算發生了，其實也可以有變通的方法去處理呢？如果沒有做功課就一直提出疑問來，在團隊中我是在「製造問題」還是在「解決問題」？

再例如以往主管交辦你去做什麼事情，你總是時不時就跑去告訴他你做了什麼、中間遇到了什麼困難、然後你又做了什麼去克服的過程，想要一直在他那裡刷存在感。可是現在你會多一個覺去思考：如果我的主管非常忙碌，他想知道的是什麼呢？我是在剝奪他的時間，還是在幫他節省時間？

只要你有開始這樣去「覺」，縱使不會一下子就變得很聰明、很長眼，但是狀況一定會愈來愈好。因為只要你的調整維持了一段時間，常常跟你相處的人一定會發現你的不同，他們對你的態度也就會跟著改變了。那麼過了一段時間以後，甚至你還可以開誠布公地邀請他們跟你談一談，希望他們告訴你自己，怎麼樣做，才是他們更想要的？那你也會發現對方會很樂意跟你實話實說，因為他已經感覺到，你是真的有心在為他們著想了。

人願意去反省自己的「白目」或「不長眼」，其實是很難得的！能這樣做，你的人生不但會往上走，原來對你感冒的人也會回過頭來，樂意去幫助你成功。因為原先想要躲著你的那些人，他們真的能夠感受到你的用心，並且真的接收到了你的那份實質的助力。

所以人與人之間的任何問題，既是危機也是轉機。當你能夠將這些「製造問題」的習慣性言行，都轉化成「解決問題」的正能量時，你的人生甚至真的能夠「扭轉乾坤」，擁有不可思議的創造性出來！（就像俗語說的「夫妻同心，其力斷金」。）

尤其是面對親密關係，請絕對不要活在「壓抑」與「消極」當中「睜一隻眼、閉一隻眼」，而要積極去突破那些「製造問題」的部分。因為任何困難都早有「過來人」的智慧，在那裡等你去學了，所以只要你願意主動學習智慧，你的人生一定可以獲得更大的順暢感。而財富也會向小狗的尾巴一樣，不必你去追逐，它就跟著你的順暢感到來了。

3

處世的遊戲三昧

☆忠言逆耳！你是否有溝通的無力感？

學生問：我發現自己最近莫名其妙很累，後來靜下心去回顧生活，發現其實是在公司裡面累積出來的。因為最近我們開了很多的會，我在會上講了一些意見，結果被很多人不高興。我本來很委屈，也決定以後少講話算了，可是私底下，一個本來我覺得很要好的同事居然跑來教訓我，說我本位主義，沒有替人家的立場想。這也就算了，最讓我跌到谷底的是她最後撂一句話說：「忠言逆耳！聽不聽隨便你了！」連她都不了解我，我真的是超難過的，回家哭了一整晚。為什麼我這麼難過呢？因為「忠言逆耳」，這才是我要說的話、才是我的心聲！在這個世界上，講真話是這麼難嗎？

以下是老師的回答。

學習在人與人的差異中找到出路

以前人家講忠言逆耳，是因為，後來你了解對方是對的之後，對方這樣講，你也才能夠接受；但是如果你還不認同或不了解他的意見，他就強調「忠言逆耳」，那他也是徒勞。

甚至這樣講還會讓你覺得，對方抬高了自己的位置，會反感甚至討厭吧，你說是不是呢？

但是我們自己也會碰上，好心想講一件事情的時候，別人卻抗拒不聽，那時候我們感覺到有阻力，可能也會不開心，就想向對方用力說出這句話吧？

所以，「忠言逆耳」其實是象徵著人生一個很大的學習功課，因為你意識到，在人生某些領域，自己好像沒有足夠能力去影響別人、去傳達自己想表達的。但這並不代表你不夠好，而是你剛好可以把培養這樣的能力，用來當作是一個學習的目標；當你學會了以後，就可以更有空間、更有愛的去看待各種人事物，且能夠講出與對方能夠達成溝通的話，便不會產生無力感了。

那麼，這功課該從何學起？

大方向是這樣的：如果自己覺得要講的話會「忠言逆耳」，那麼就要提醒自己，要用更多的智慧去觀察、了解對方，思考怎樣做才會更好，才去行動。這樣才不會雞同鴨講，折損自己的心力和能量。

詳細來說，也就是：明知道自己要講的話可能會是忠言逆耳時，我們就要更願意花心思，去了解對方原本看事情的角度，知道對方在這個角度裡面，實務層面或情緒層面上的需要，然後你願意就這些角度去思考，從對方的位置，找到帶領他通向更高視野的路徑，讓他感覺到這是對他自己有幫助（而不是他是壞的、是錯的），那他就不會覺得逆耳了，甚至還會聽得津津有味呢。

當然，要這樣做，是會很花能量、很花時間和心思的，因為它就是在這個當下，你願意進入愛裡面，去學習在人與人的差異中找到出路（溝通之路）；然而，這也才配得上「忠言逆耳」的「忠」這個字喔。

現在很多人用這個成語的時候，意思比較是在強調「雖然不好聽，但我說的是對的」，不過「忠言」裡面為什麼用「忠」這個字呢？就是有一份對對方的愛、有一份對對方的「忠誠」。所以有時我們也要反省自己，譬如自己有看不慣的事情，不管對方要不要聽，你就拿個話去給他捅一下，然後自己心裡想說：「我這是忠言逆耳！」這樣究竟是名副其實嗎？我們在發言的當下，真的有對對方的愛嗎？甚至有些人常常覺得自己讓人家不爽，是在「忠言逆耳」，可是也很有可能，這只是在助長自己的自我喔！那麼你再省視一下，是不是很多人都討厭你，不想跟你交談了？如果是的話，就很有可能是自己真的有問題，需要調整了。

更柔軟、讓對方願意傾聽

當你去了解對方看事情的角度，了解他在實務層面和情緒層面的需要之後，還是覺得自己的角度比較對的話，那麼就要讓自己進入「讓自己更柔軟、試著讓對方能願意傾聽我」的努力。如果是這樣，不管對方能不能馬上接受你的說法，可是那份誠意，他也能感受得到，而無疑地，這將會為未來你們能有更多對話空間，打下更好的基礎；同時，就算對方當場沒有立即改變立場，也會有更高的機率，會在事後願意私底下再去尋思你說過的話。

所以盡量別把「忠言逆耳」掛在嘴邊！因為這將是個會讓自己陷於孤立的陷阱。其實，這個成語本來是讓我們用來反省自己的。更何況萬一，因為願意用心去了解對方、多設身處地為對方思考之後，發現自己當初所認為一定對的看法，有需要修正之處，它不是周全的，那麼我們當初自認為的「忠言逆耳」，不就不小心成為你對對方的語言暴力了嗎？

說到底，「忠言逆耳」這句話，它意味著缺乏溝通的能力。而「忠」這個字的本意，是我們真的願意為了面前的這個人「付出」；若只是因為看不過去而去丟一句自己覺得對的話，並不想為這個人的當下而付出，那並不是「忠」，那就只是看不慣而已。而這個看不慣，就很容易導致「硬碰硬」，硬碰硬除了會加深自己憤怒的情緒之外，日積月累，還會變成更不分對象、不分場合的「管太多」了（所謂的「正義魔人」即是其中一種），而「管太多」，可是會衍生成為精神疾患的！（真的嗎？為什麼？請見下一篇文，再為大家溫故知新一下。）

當然，並不是說，你對每一個人都要這麼費心地去「付出」，因為現代人要接觸太多相識或不相識的人了，也有很多人會不請自來地給你意見，所以你可以衡量自己的狀態，去決定你要對誰這麼做。然而生活中，總有一些對我們重要的人，對於這些人，「忠言逆耳」

若能轉化成「忠言順耳」，你真的會體驗到更棒的人生！

但忠言要如何順耳呢？要點是：循序漸進、過程放緩、回到對對方的愛（願意等待機緣）。你只要有這樣去開始，其實不用走太遠，你也會感覺到對方出現了不同的反應，來回饋給你了！當你感受到那個轉變，即使要溝通的事情還沒有達成目標，你的內心也會開始湧上喜悅和感動（因為你們之間的愛流動了）。當然，如果覺得自己學得很慢，或在特定的問題上常被打敗，有心無力，那麼你也可以考慮來上課，跟著老師的經驗學習。終究，讓「忠言逆耳」轉化成「忠言順耳」，就是一個愛的過程，一個讓自己學習以更有愛的角度去做事的「靈性擴展之路」。

☆管太多，最後傷的絕對是自己

很多人會有神經病，就是因為「管太多」。在家裡管太多，家人就會不喜歡你，自己內心也會一直打架；在外面管太多，不管你有理無理，現在的人大多都很難反省，在他們的眼中，事實上你就變成眼中釘，結果你也會愈來愈被排擠。

如果你沒有那個智慧和能力，奉勸你就別管，否則的話，就很容易把別人的「因果」卡上身，自己還沒有辦法去去掉。所謂的「因果」，並不是說你不信什麼宗教就沒有的，它是作用力與反作用力之間的自然道理，是宇宙間的冥冥之道。

但這不是說要冷漠，而是要「管之有道」，要講人家願意聽的話，用讓他有面子、有台階下的方式去引導他，讓他自己產生出反省，這樣才可能出現你希望的結果。沒有技巧硬要別人「反省」，那就是「硬碰硬」，你就會被一腳踢回來。所以想管別人，得要有「引導人的智慧」才行。

那怎樣分辨自己有沒有管一件事的智慧？很簡單，你愈有情緒，就愈沒有智慧；當你愈情緒化時，你就愈會拋開智慧去處理。所以若發現自己有情緒，這時候就要踩住煞車，不要急著去管了。

說「管太多」容易發生精神疾患，這是真的嗎？是真的。原因為何？因為有些人一直在管別人，但心底真正的意圖其實是為了自己（包括刷存在感），這當中沒有愛，所以在別人的心裡看來，會覺得他是個令人討厭的人；然而這個愛管別人的人，他自己卻是知道的，於是常常別人的一個眼神就會觸動他的敏感神經，讓他感到被排斥和不被尊重，可是他的選擇卻是故意要繼續這麼做，「你不尊重我，我就是要管到底。」他心裡這麼一對抗，便開始產生精神分裂了，只是自己還不知道。

這就是為什麼古時候人家說，強行去介入別人的事，自己會有「因果」，這個「因果」不只是來自別人的反彈，還包括自己內在會開啟精神上的「分裂模式」，變成一種持續的內心的打架，到最後控制不住自己。有時你看到街頭上有人對著不存在的對象不斷大聲說話、咒罵等等，雖然不是全部，但其中有一些人就是因為一直執著地「強行去管別人」而造成的。

所以說到底，人的心裡面要真的有愛，用愛去做事，自然會合宜。當然有的人說我有愛呀，我是為了他好，他不懂，我比他懂，所以我要去管。然而這樣說的時候，散發出來的真的是愛的能量嗎？真的是愛的芬芳嗎？自己沒有感受到正在被人嫌棄嗎？問問自己的用力裡面，有沒有夾帶著私心呢？這樣去反觀，你才不會變得很頭腦，用頭腦去騙自己說自己有愛，結果實際上，卻朝向精神分裂的痛苦方向發展。

有時「管太多」的人，會說自己問心無愧就好，其實當你經常產生出「我問心無愧」的念頭時，要留意自己是真的感覺海闊天空、心境喜悅呢？還是壓抑著不甘心的情緒、內心愈來愈悶？當然，你的觀點裡面一定有你「對」的部分，但必定也有不夠圓融或是不夠靈活的角度，才會使得你無法不折損地做人處事。如果你相信每個人可以為自己的人生負責，那麼是否也可以給自己一些空間，放下你已經知道的「對」，去了解是不是還有自己沒有參透的角度或層次存在呢？

看到這裡，也許有人會說：「我才不想管人家呢！可是，我卻是那個強行被管的受害者，那我該怎麼辦啊？」這要解答，又要另開一篇，不是今天能講的完的了。

但總而言之，人生所有問題的出口，都在開啟「心的智慧」裡，而「心的智慧」，就是一種讓你在人世間的各種衝突矛盾裡，創造雙贏的答案，這是真正的「菩薩道學分」，觀世音菩薩正是因為這樣的學習，才有能力影響各式各樣的人喔！你願意修修看嗎？

☆怎麼幫助人，才不會被因果拖下水？

最近有一些人會來幫朋友求助、來找老師，但是老師在這裡要告訴這些人說：老師當然知道你們立意良好，看了文章對你們幫助很大，就想要幫助你們很關心的家人或朋友。但是，想要救自己的人，必須要自己先「走在自己的前面」，神才會從背後幫他推一把的；也就是那個人必須願意伸出手，希望尋求幫助，否則高靈或老師是不會主動去介入那個人的因果的。同時，也要奉勸你在幫助朋友的過程中時時保持警覺，不要被朋友的理由或情緒所控制，因而貿然去介入對方的因果，這會是有危險的。你只要把可以幫助她的訊息告訴她，讓她自己願意去尋求協助，這樣是最好的。

對方如果都沒有心看文章，看了也沒有心要來，那就像她明明已經溺水，你也丟了救生圈給她了，她卻搖頭說：「我要的是你跳下來救我！」她是希望有人直接跳下來救她，她才會有安全感，那這樣是不對的。

不要捲入「被依賴」的漩渦

這群人都是會「突然想不開」的高危險群，你的潛意識感覺得到，所以就會很想幫助他或多陪伴她，但是你就會被她的漩渦拉進去，其實也間接加強了她那個「依賴的漩渦」了。也許她現在唯一的「舒適圈」就是你，可是你要明白，在這之前，當她還比較清醒的時候，她還會覺得自己必須要自救、會覺得自己應該找個老師去求助、去學習怎樣救自己的，可是當她得到了一個比較願意一直緩解她眼前痛苦的朋友，而變得更任性以後，她就會像得到浮木一樣地只想抓住你了，她就希望你能夠繼續扮演這個角色，而不是去努力自救。

當你看到一些好老師想介紹給她，希望她能夠去行動、去學習、去求助，可是她總是說，她只希望「暫時」先依靠你、她「暫時」不想要去找別人。當你發現有這樣的狀況時，你就得趕緊踩煞車了，你千萬不要對這樣的「倚重」有一絲一毫「自我重要」的快感，事實上，這樣的狀況對你自己會是很危險的，因為她的靈已經在把因果轉嫁給你，雖然她自己也不知道。

如果你不是真的有那個幫助對方的智慧，只是因為同情或不忍，想先陪伴她、支持她，你會發現自己的心情和運勢，就會開始隨著跟她交會的日子，慢慢地往下走，因為你已經開始承擔她的因果；其次，因為她的能量轉嫁到你身上的關係，在你的潛意識裡面，也會種下或多或少的自殺因子。如果她後來自殺了，然後你又是她非常密切的至親好友，未來你過得不好的時候，憂鬱症一來，你的潛意識推你去選擇自殺的可能性就會很高。這也就是為什麼古人說要沖喜（以後文章再敘）。

有的人去當人家的浮木，自己某些瞬間是會意識到上面說的這些的，那你就要記得，你其實已經被影響了，那你自己反而要趕快來找老師，因為預防勝於治療，你要先幫助這個正在被別人（情和緣）的因果抓住，而無法放手的自己。

因為很重要所以再說一次：**你要先幫助這個正在被別人（情和緣）的因果抓住，而無法放手的自己。**

有的人真的很害怕對方自殺，所以才被牢牢抓住的；但是就算他自殺了，也只不過是這一世結束了而已，她還是會在輪迴中再次出生，有再一次學習的機會的。當然同樣的境遇她還是會再經歷一遍，她還是必須面對她之前不願意面對的功課就是了。那這其中的苦，以及「為什麼苦？」就只有她的靈魂知道，如果你跟她真的認識很深，你多少也能了解那種苦，因為你很知道「牛牽到北京還是牛」的意思。

可是，今天你為什麼會那麼願意幫助她、願意跟她是好朋友、就是那麼放不下她呢？因為其實，你們個性中有一個區塊，雖然你自己不願去看，但那個能量是一樣的！所以你也要願意去找找，自己是不是其實也有某個部分像她？那你就不能跟她走一樣的路！因為這條路會是無解的，而且會很苦，這個人其實是在告訴你，你要意識到這個問題，要救自己。

幫助別人前，先幫助自己

所以，要如何幫助那個好像要溺水、卻也讓你拉她拉得很沉重的人呢？首先你要先想，我該如何先救自己？先讓自己的身心靈健康，有了真正的「清楚」之後，你才去幫助別人。陷在親友的因果裡面被拉扯，其實你已經不是一個真的能幫助她的人，而是一個一起掉進漩渦裡的人了。所以如果親友跟你求救，你就請她來找老師，是要諮詢還是要上課，也要讓她自己來進行。

你之前當然要先跟她分享過一些老師的文章，如果她真的覺得文章裡面有些觀念已經有觸動到她，那麼接下來起碼也要願意再去買買書來閱讀；讀了幾本書以後，假如她的心真的慢慢有一些打開，那麼才鼓勵她更進一步來跟老師諮詢或上課。這樣她來找老師的時候，已經比較有準備，那麼她將會有很大的機會，從已經稍稍打開的縫隙裡面去找到更大的結，然後在老師的幫助下解開它。

像這樣已經看過老師的文章與書，自己想要來而來的人，通常就真的會非常有效，因為她已經有所準備，那這時高靈肯定會來推她一把，老師也就能夠把高靈要幫助她的角度傳遞給她。這就是所謂的「救生圈丟下去，對方起碼是願意自己伸手去抓的」的意思。當一個人願意自己伸手去抓住救生圈時，雖然她還泡在水中，但起碼她不會溺死了，只是在等待適合上岸的時機點到來。

所以「一直很想救某些你所關心的人」的人，請務必去覺察一件事：事實上你是否曾經給過對方很多訊息，希望她能循線去自救呢？這其實就是你已經一直在丟救生圈給一個溺水的人了，她的周圍其實已經飄滿了你曾經丟下去的救生圈。而她是否視而不見，卻繼續在對你呼救？如果是這種狀況，你也許會誤入一種「絕望」的誤區，以為你「不知道怎麼幫助她」，其實不是的，你已經幫了她（這句話請重複三遍），只是，**沒有任何人能夠幫助得了一個不願意幫助自己的人**。

所以，如果你已經丟了好幾次救生圈給她了，你發現她都不願意自己拿去用，給自己救命的機會，還在水裡不斷地大喊：「你要陪我、我需要你……」那麼請你千萬千萬不要「下海」去做那種事；同時也提醒每一位看文章的人，請你也不要對你的親友，做這種拉人下水的事情，因為這樣，你自己才真的能救得了自己。

☆為什麼你看不出，他會殺人滅口？

——從華山草原殺人案，打開你的智慧天線

「他看起來很正常、平常人很好、很照顧鄰居朋友……真的不敢相信他是犯下殺人分屍案的兇手！」

基因上喜歡自由奔放的人的類型

高靈說，人沒有所謂的「好」、「不好」，只是他在行為舉止上，是否自己有能力調控得宜。

會喜歡去自然界的「大草原」的人，基本上是比較嚮往「自由奔放」的，台北的「華山大草原」，就提供了這樣的一種意象，所以喜歡在那裡聚集的人，會偏向於不喜歡被約束；也就是在他們的觀念裡面，是會比較不喜歡俗世社會中，所謂「法律制定」或「約定俗成」的這些東西的。

有的人的基因，就是比較喜歡自由奔放，這沒有什麼對或錯，然而在任何類似「華山大

草原」或「都蘭糖廠」，這種能夠流動與孕育各種實驗創意的地方，都會既有其美麗與貢獻，也有其醜陋與危險。原因在哪裡呢？就是因為基因上喜歡自由奔放的人，是分成兩種的：

第一種：「自由奔放」又「心存善念」。這類基底的人，他的行為舉止，就會在一個範圍之內，他也會在這個自由奔放裡面睜開眼睛，一直有在看這個奔放會不會傷害到別人。

第二種：「自由奔放」又「自我中心」。這類基底的人，他就常常看不到他所謂的自由奔放，是會去侵犯到別人的權利的；或是看到了，也自有一套解釋去覺得他自己是對的。例如興致一來，他就在半夜彈鋼琴，人家勸他說：「這樣會吵到別人吧？」他會說：「那他應該為自己負責，自己來跟我說啊！」他可以把「自我負責」這個概念，用得如此奇妙。這一類的人一定會有人際關係上的問題。

而第二種人還分成兩類，外向型和內向型。

外向型給人的印象就是桀傲難馴、恃才傲物，這樣的人很容易跟別人發生直接明顯的衝突，一般人也會不喜歡接近他。如果他很有才華，不認識他這個人之前，只是欣賞到他的創作，或許會覺得很心儀；然而一旦真的跟這樣的人實際相處，就會看到他自私自利、霸道惡劣的另一面，原來是如此醜陋。

內向型的人（喜歡自由＋自我中心＋內向）卻可能完全相反，因為他會傾向於去塑造一種因為充滿理想、理念，因而選擇以獨樹一幟的生活方式存在著的印象，以贏得大家的尊敬與欽佩。為什麼呢？因為內向型的人其實是很在意別人的眼光的，他們其實非常希望別人的肯定，也想要出人頭地，所以他們的思考是這樣的：如果自己還站不穩，就透露出欲望和野心，一定會失去一切的，所以我要先表現良好，獲得愛戴，爬到一個位置上去，然後再說。這種型的人，就是會做出類似「華山大草原性侵殺人事件」的高危險群。由於他們之前給人的形象，與他們所犯的罪行實在差距太大，大部分曾經接觸過他、甚至是很熟的朋友都會驚訝到，即使看到新聞報導了，還是無法相信。

高靈說，在「壞」裡面也有內向的人，所以很多人對於這種犯罪傾向的人，就看不出來。因為這個過程中，他是一直在壓抑自己很多的自私與欲望的（他的基因根底，其實是想拋開「對別人想法的在乎」的）。有一天，也許他已經到了他認為的權位，也或許還沒有，可是他的渴望壓抑不住了，他終於決定「自私」地「給他不在乎下去」的時候，例如他就真的去性侵人家了，然後當他做完了，就會想，如果我被發現，我的形象不就毀了？「雖然是我的錯，但為了要保持完美，我不能讓這個錯洩漏出去。」所以就會引爆他的殺機，成為去殺人滅口的人。

內向壓抑，糾結對錯，養出正義魔人

這樣的人生課題，特別會出現在宗教圈或靈修圈，因為他們真實的情慾與私欲，與他們所營造的形象之間，差距太大了，為了掩蓋錯誤，他們就會心一橫，去做出更狠、更錯誤的行為來。當然不一定都是殺人，也許是逼人家封口、湮滅事證、集體包庇犯罪等等。

而類似的犯罪也會發生在一些實際上有人際關係問題，可是平常又表現得好像很乖、很溫和的人身上，因為他們也是走壓抑路線的，如果情緒累積到了一個臨界點，有一天剛好機緣出現，他們很可能就突然做出失控的事情，去滿足他們壓抑已久的渴望。可是本來就害怕別人眼光，因而一直在扮演好形象的他們，就會因為更害怕自己的形象破滅，而決定狠下心「一不做二不休」。這就是為什麼有些恐怖的殺人事件，兇手會讓周圍認識他的人跌破眼鏡，紛紛都說「他平常都很溫和、有禮貌」、「他一直很乖、很合群，沒有異樣」、「不能相信他會做出這樣殘忍的事」等等。

但總而言之，如果你問他們的人生功課到底是什麼？他們的人生功課雖然不可能只有一個，但有一個重點問題，那就是「不敢去面對」。內向壓抑的人，表面上安靜，但心裡其實常常有很多小劇場上演，他們都沒有對外去向別人反應，讓這些能量能夠流動（這就是比較欠缺處世的能力），於是沒有流動，就又會再加強這些小劇場，也就是會加強他的「投射」和「主觀」。

例如如果遇到一件讓他困擾、或者讓他有損失的事情發生，他覺得自己不會處理，他的方式就是不斷隱忍，或想辦法躲開它；可是他就會愈來愈恨那個製造事端的人，而在他的心中形成了一個受傷點，所以他又會有一個「正義的理念」誕生在他的腦子裡，變成了他執持的信念（這個就是「主觀」），而這股沒有辦法流動的能量，則變成一種被他視為是「正義」的攻擊性能量。

如果很多事一直讓他覺得「別人不應該這樣對我」、「社會不應該如此對我」，就會漸漸使得他不知不覺變成下面這樣：

對於事情，不自覺都會一直繞在「對與錯」上面琢磨，心裡彷彿一直揣著一個天秤，隨時會拿出來衡量別人的作為，去給人家貼上「對」與「錯」的標籤。可是他只能從自己的位置（所執持的信念、原則）去評判對與錯，並沒有辦法從別人的角度或更高的視野去看下來；而他在他的批判與酸言裡面，也會有其爽點和樂趣，所以也就更不容易脫離了。所以你去看，有很多很堅持某些對與錯的人，他執著的角度也常常會讓別人詬病，可是他自己卻看不到。

抱持著自己的「對與錯」在看待世界的他，由於跟四周的人愈來愈沒有辦法相處，在這個世界上也就不會混得太好，他就會想要找到支持他認知的群體，或是寄託於精神上的烏托邦、桃花源，而不願意改善自己的真實處境。可是如果他這樣做，那就會像是一隻青蛙，把自己所待的這個原本已經很狹窄的洞穴，又挖得更深了。於是當一場大雨下下來的時候（比喻無常來到，例如家庭發生變故、社會景氣改變……），把他賴以存身的洞穴淹沒（奪走），他就只好被迫跳出這個洞穴；然而跳出這個洞穴所看到的世界，本來就是讓他非常地看不慣、非常不能適應的，那他就會在這個不適應中瀕臨崩潰，或是自己發瘋，或是去殺掉他認為的壞人。

「正義魔人」的「魔」這個字，就是這麼誕生出來的。

高靈說，所以為什麼我們做人要謙遜呢？因為看任何事情「永遠還有一個更高的角度存在」，也就是說：「一件事情你認為怎樣一定是對的，就一定有人可以找到一個出口來反駁你所說的那個角度。」這也就是為什麼高靈也常說：「任何事情永遠都有出口」，後面這句話聽起來很令人感到有希望，但這兩句話其實是同一件事。

上面描述的這樣的人，因為心裡頭埋藏著很多受傷點，不喜歡社會人群，所以有一部分人便會離開都市，走向大自然、投入宗教靈修或藝術創作的領域。他們是想在這些領域裡面得到放鬆，以及重建自我價值。

所以跑到山上去住的有兩種人，一種是真的很健康、因為熱愛大自然所以去的；另一種其實是剛好相反，是在城市中受了很多傷，自己知道自己有一塊控制不住的黑暗面，而

「躲」進去的。所以你不能看到表面，就認為只要是能夠放下都市的汲汲營營，跑去山邊水涯流浪、創作、常常在講理念、無條件的愛……就是很靈性、很純真或很有理想的人（更何況還有很多根本是到山上去炒地皮的假靈修者）；你必須拿掉這些浪漫的投射，去分辨他們的實際狀態，否則，傾心於他們的你，像是「華山大草原」這樣的分屍命案，也是有可能發生在你身上的。

人的立身處世之本：「心存善念」以及「謙卑」

接下來就要談另外一個重點了：那為什麼現在殺人滅口的案件，已經逐漸「普及到」非職業犯罪者（非黑道）的一般殺人者身上呢？高靈說，因為現在的社會，有愈來愈多人覺得「他可以把屍體處理得很好」，這是助長「殺人滅口」行為的原因之一。

也就是說，例如一個性侵犯，在決定性侵完要不要殺人滅口的電光石火之間，「我可以把屍體處理得很好」這個意念，就會是個在潛意識裡，助長他下決定把人殺掉的原因之一。

那麼為什麼愈來愈多人會有「我可以把屍體處理得很好」的想法呢？因為現在的影視媒體的內容，使人們經常在吸收「執行殺人任務」的虛擬知識，也就是這些電影電視的劇情，會讓真的想去殺人的人，當他做了決定以後，會回想起在裡面看過的一些知識與情節，然後認為自己可以「處理得天衣無縫」。

所以小時候去學跆拳道，道館的老師都要花很多時間去教育大家所謂的「武德」，就是這個原因。老師為何都要特別強調學習武術是用來「防身」，以及「涵養品德」，不可以用來打架呢？其實真相就是：當你真的學習了武術以後，碰到衝突、不平的時候，武術中那些功夫真的會在那個當時當刻，成為心裡的一種誘惑，如果稍一衝動，很可能真的就使出它去傷人了（狄鶯小孩的事件，也是在這個原點上教育不足所產生的因果）。

同樣的，如果一個想殺人的人，平常已經很會殺魚、殺豬，或很懂得解剖學，那這些知識與能力在他想去殺人的時候，就會變成讓他下這個決定的助力，然後他就犯下滔天大錯了。

所以學習任何東西，其實都是在學習一種「能力」；要學習「能力」，就同時要修「道」，如果你沒有具備這個「道」，你必然會誤用這個能力，害人害己，那還不如不要學。

由於現在的社會，愈來愈多人認為，他們可以犯了罪而不留痕跡，所以就容易做出錯上加錯的事；但他們不知道的是，現在警察在辦案，也一樣有很多新的專業能力和知識一直在提升，事實上比他的小頭腦所想得更高明、更科技，所以他們很快也就落網了。而這些落網的事實也告訴我們，當人在自己的「小頭腦」裡面，覺得自己可以「掩蓋事實」的時候，常常就會看不到「一山還有一山高」，所以一次得逞以後，他會食髓知味，一而再、再而三地去做不該做的事，然後已經被人家注意了，他都還不知道，於是終有一天「螳螂捕蟬，黃雀在後」，他一定會被「在上層的人」逮住。

所以做人為什麼要「心存善念」以及「謙卑」，就是這個道理。這兩個詞，就是一個人的立身處世之本，若忘了其中任何一者，那終究會體驗到「老天有眼，明察秋毫，不是不報，時候未到」，這是千古不變的定律。

也許有人會說：可是我看有些人做壞事，都沒有報應，還吃香喝辣。高靈說，你怎麼會知道他沒有報應呢？他在半夜睡不著、在私底下痛苦恐懼的時候，你又沒有看到。只要是做壞事的人，心裡面就一定會有「卡住」，那個卡住，別人雖然不一定知道，可是當事人一定知道；當那些卡住累積成控制不了的一些精神狀況的時候，那種苦就像在地獄裡面一樣，外表再怎麼穿金戴銀也沒有用，而那可是一種比痛快一死，還要折磨人的事情。

能夠看到愈來愈多角度的智慧

能力變強，對一個人而言也會是犯罪的誘因之一，因為他覺得他可以處理；同樣的道理，「有錢」也是一種能力，像一些有錢人也會用錢去「買兇殺人」，或用錢買通權力者，遂行一己之私。如果他今天沒有這些錢的話，他就不會去動這些腦筋了，說不定他還可能就會反求諸己，去看透放下或是反省提升。

那麼夫妻之間也一樣，為什麼人家說夫妻常常能夠一起打拼，卻難以一起享福？因為當人擁有了很多財富以後，自己原先壓抑的那些欲望和私心，就會更容易得到自己的允許去化為行動，所以當他們富裕起來以後，反而彼此的心就沒有辦法合一了。

「少年得志大不幸」也是同樣的意思，當一個人得意的時候，他的很多反應模式、思考結構，也是會跟著改變的，他很可能不再是之前你所認識的他。

所以個人的人生與社會的發展都一樣，不要一味地去追求富裕和經濟成長。如果你希望一個社會富裕起來以後，能夠強盛幾百年，甚至一直強盛下去，那做好「人格教育」才是一個國家社會最最重要的事。所謂的「人格教育」，並不是去教「四維八德」這種頭腦上的觀念，而是要教導人民變得有智慧——亦即對事情能夠看到愈來愈多的角度。

當然，對於此種國家社會的實現，要認真深談下去的話，其實也是一種「烏托邦」——這個地球教室就不是這個樣子的。但是對於一個願意學習的修行人而言，他必須要知道這個道理，然後在「這個道理」與「社會現實」之間，去取得平衡的智慧，這樣你才會了解真正的「大乘佛教」、真正的「菩薩道」是怎麼走的，而在走這條路的過程裡，你才會真正的、實際地走向「成佛」的境地。

現在的社會演化至此，並沒有對或錯，是你要學習如何在裡面安身立命，所以才投生到這個時代來的。而所謂的「安身立命」，並不只是走鋼索式地存活下來而已，而是能夠像佛經裡面，佛陀講的一樣，別人覺得身處於五濁惡世，只是忍耐著在過日子，他卻可以凡腳踏之處，步步蓮花、黃金為地、寶樹成林……這就是「平行宇宙」的意思，你是可以在現在的社會（或無論那個時代），活在這樣豐盛的平行宇宙裡面的。

那佛靠的是什麼呢？就是智慧。當你在人間已經有這等能力、這等智慧去生活的時候，你已經活得像佛一樣了，而這樣的人才真的叫做「活佛」。而當一個活佛要離開身體、離開這個世界的時候，他就會辨認出那個對的「光」（這只是一個接近的比喻），然後他就會跟著上去，那才是真的究竟地脫離輪迴。

用「和」去看世界

最後，高靈說，人人都可以成佛，這個成佛之路，就是每個人在自己人生的每一步裡，如何與所遇到的人事物，去交集出自己的智慧，取得「你好我也好」的雙贏的角度。這樣做就叫做「步步蓮花」，也可以叫做真正的「以和為貴」。

「以和為貴」不是只有做生意才在講的，如果你今天是要來學習「佛」的智慧，那你一定要知道，做任何事情都要在心裡頭想著「以和為貴」──也就是用「和」去看世界──然後再思考可以怎麼做。在學習智慧的路上，如果你有準備好要「以和為貴」的話，你就不會變成一個心裡頭常常「拿刀插自己」的人，而你學習解脫輪迴的智慧時，也能夠事半功倍了。

而面對如此的世道，「修行」在現在這個時代，其實是比以往更重要的。因為當整個社會有錢了，人們就會開始爭奪，有爭奪就會有互相的傷害，於是社會就會開始混亂，變成盛極而衰，開始往下走；那所謂的「修行」，至少是要去學會如何不被這些混亂波及、不被別人搶奪、保住你的身家，或是當你求發達的時候，懂得怎樣立身處世，不會遭人嫉妒、陷害……等。

這些都需要很多的智慧，不是你看了幾本書，懂得一兩個看事情的角度，就說你已經完備的。而所謂的「學習心靈成長」或去接觸宗教，做所謂的「修行」，本來就應該是要去學習這種東西的，而不是去找尋一些高來高去的觀念（意境）來給自己的滄桑「點燈」，躲在裡面一群人一起取暖、寄託。

諸位要牢記：厭離這個世界絕對不會讓你脫離輪迴，唯有對人間只剩下一抹微笑，只剩下等待的慈而沒有自我的「悲」時，你才真的能夠結束地球輪迴。同時，當你在這個世界上是強壯無懼，真的能夠發光發熱時，你再去「送光」、「送愛」，這個才是真的分享，否則就只是自己需求的投射，你其實是虛弱的。如果你知道自己其實是這樣，那麼就不要再浪費自己寶貴的命光，應該投身於生活的現場，皈依好的老師，真正地去學習智慧。

☆現代人如何過得清靜？

——怎麼樣在現在的人際關係裡面，去拿捏跟別人的「有關係」與「沒有關係」

我們現代人都過得不清靜，也很難清靜，為什麼？因為生活裡面總是有很多事會讓我們有情緒、會生氣，尤其在目前社會的發展趨勢裡，很容易發生會讓我們有情緒的事情，而且越來越多。所以高靈說，現代人不用說是修行了，光是要過得清靜一點，都不容易。所以今天要談談，怎麼樣在現在社會的時局裡，過得比人家更清靜？

「清靜」是每個人需要學習的功課

有的人說，我每天抽點時間靜坐、冥想，關掉網路、電視、手機，多到戶外走走、聽聽好聽的音樂……常常這樣做，心裡就會比較清靜、比較安詳。沒錯，做這些事情真的很好，不過，我們也都知道這是暫時的，因為畢竟這樣的時間在一天二十四小時裡面，比例還是比較少，比較多的時間還是要睜開眼睛面對這個世界的。所以，怎麼樣在這個時代過得清靜呢？

高靈說，不同的時代，人們要學的功課的側重點會不一樣。現在的時代已經走到了，有很多不好的事情正在一起發生的時期，社會上的很多問題，因因果果已經牽扯不清，同時很多事情也變得蕭條、混亂，不能再像以前那樣的光景。而當我們說它「不能再像以前那樣」時，也意味著，它正在朝著我們不想要的方向走。那麼在這個時候，你要特別去學習的一門功課就是：

怎麼樣在現在的人際關係裡面，去拿捏跟別人的「有關係」與「沒有關係」。

高靈說，學會了這個，你就能過得比別人清靜。然而，什麼是「拿捏跟別人的『有關係』與『沒有關係』」呢？又為什麼要如此？我們先從一個生活的例子講起：

每次連續假期的時候，例如中秋節、春節、清明節，高速公路就很容易塞車，假如有一天你已經塞車在高速公路上，結果打開收音機一聽，居然前方還發生事故，當下你鬱悶的心情可能就會雪上加霜，可是又能怎麼樣呢？沒辦法還是要等。於是經過漫長的時間，車子一步一步往前走，好不容易終於接近事故點了，你看到幾輛車子撞在一起，所有乘客都站在烈日下吸著汽油煙，等待警察來處理、等待拖吊車來拖吊，突然間你就覺得：「還好不是我！」

明明剛剛還很怨，但就在看到人家撞成一團的樣子的時候，那個怨就突然煙消雲散了；因為你知道，像他們那樣撞在一起，不管誰對誰錯，不但那天的行程全泡湯了，後續還有好多問題要處理，好麻煩。相比之下，自己能夠平安無事，不過是塞個車，真的比人家好太多了！

那麼，這個例子告訴我們什麼呢？很多事情就算我是對的、我沒有犯錯、都是別人的錯，終究還是不要發生比較好。

這個「不發生」其實也就是你要的「清靜」，也就是在這個時代，每個人特別需要學習的功課。

有些人很容易跟別人發生摩擦和意外，在現在這個時代裡，這樣子的EQ就更加的危險了。如果這個人是所謂的「三寶」，那也算是活該，這種人我們就先不去談；可是有另一些人他們不是三寶，卻也會把日子過得傷痕累累的。這高危險群是哪一類的人呢？就是比較有正義感的人。因為比較有正義感的人對於事情會有比較強烈的「應該」跟「認為」，而這些「應該、認為」，就會讓他在無形中容易跟那些「不長眼的人」產生交集，也就是產生碰撞。

譬如某甲開車時，有輛停在路邊停車位的車子要切出來，照理說要切出來的車子應該要慢慢切出，而且也應該要禮讓車道上的車先行才對。可是有的人他就突然切出來！某甲遇到這種情形，他的內心於是就產生了一個要讓或不讓之間的衝突：就人的本能而言當然是要讓，因為不讓會有危險；可是就他的正義感而言，卻是「明明是你錯，憑什麼要我讓？」的OS會出來。如果他的正義感比較強，那麼那個內在的衝突就會持續比較久，因而延遲了他立即踩煞車的時間，可能才延遲一秒鐘而已，可是這個耽誤就讓他的車子撞上去了。

其實他不是衝著你來的

講這個例子並不是要你不要有正義感，也不是說正義感不對，只是現在的社會和以前已經很不一樣，你是否有去了解呢？因為各種原因，例如社會生存條件惡化、人心浮躁，甚至因為積非成是，有些人真的不知道自己在做的事情是不對的……種種因素導致現在社會的脫序情況，已經愈來愈變成一種常態，而不再只是少數了。也就是無論責任在誰，一個事實就是，不按照規矩或只顧自己的人是愈來愈多的。高靈說，所以你就要去思考一件事情：

這個社會的亂象當然有它的因，可是有必要由你來承受它的果嗎？

例如這個時代的「三寶」（不長眼又不負責任的人）很多，他們很擅長白目的行為，那麼心裡面總覺得自己「是對的」，所以就比較不願意「讓」的人，就很容易跟這些三寶發生事情；可是事情發生了以後，不管你怎麼樣的生氣或罵對方，你真的改變了這個世界嗎？其實也沒有。並且，就算你一直是對的，但你老是跟人家發生這樣的事，你的行程老是被耽誤、老是要去調監視錄影帶、責任鑑定……等，你也會覺得很麻煩；因為有這些麻煩，你會更生氣，更生氣又更想伸張正義……可是那個正義感底下的配樂，就是一首悲愴交響曲。

既然你會說「現在社會很亂，很多事都是反映社會亂象」，那其實也就代表一件事：這些人都不是衝著你來的。高靈說，當你在社會上碰到一些生氣的事情，你就問自己：這是不是這個社會的亂象？如果你覺得是，你就要想起來一個道理：所以，那不是衝著我來的。那既然不是衝著你來的，你是否真的有必要去跟他發生交集？所謂交集就是把人家的因果跟你自己牽扯在一起，這叫做交集。

譬如說那個人就是個馬路三寶，只顧自己、開車很莽撞……那這就是他的因果，有一天他非常可能跟另外一個三寶撞在一起，可是你有必要代替那另外一個三寶，去跟他的莽撞碰撞嗎？這就是你要去思考的。一旦你開始思考，你就會用智慧去觀察：對於某人的因果，你是不是還要去跟他有交集？

比如說，對於那台突然切出來的車子，你本來很生氣，想跟他理論，但是眼睛一瞄，那輛車子被人家刮過踢過，好多刮傷擦痕；或是髒髒破破，早已竄出一股蠻不在乎的處世風格。這樣的人你還要去跟他理論嗎？如果去跟他理論，其實已經可以預告，你得到的八成是讓你更生氣的回應，不然他的車為什麼長這樣？

所以生活在當今的社會，不管別人做了什麼事情，在他還沒跟你有交集的時候，你就要先去判斷：「我有必要去跟他的人生產生交會嗎？」你只要把這個問題存放在心裡面，你會減少很多跟人家不必要的交集，你就不會是那個紛紛擾擾裡面的一員，所以你的生活才會過得清靜。（這就是讓「早知道」去幫你逢凶化吉。）

遇到事情，有智慧就可預測未來

這個講起來很簡單，可是如果沒有養成這個自我提醒的習慣，常常一被撩起情緒，你就會不自覺地去跟人家的因果交集，被人家的紛紛擾擾捲進去了。

網路上有個女生寫了篇氣呼呼的文章，說她去一家牛排店用餐，店小桌距也小，有一家人卻任由兩個小孩一直在餐廳奔跑嬉戲，家長則只顧自己滑手機。她心裡面很多OS：「現在的父母真是……現在的小孩真是……現在的教育真是……等一下要是跌倒、撲到人家桌子、打翻人家飲料……」結果真的「心想事成」，小孩真的跌倒，就摔在她旁邊，還把她的飲料撞翻，也弄髒她的包包。她覺得自己非常倒楣，在網路上生氣地講了這個經歷，可是講完了以後，又怎麼樣呢？

然而當你有先去思考「要不要有所交集?」時，那麼雖然兩個小孩跑來跑去，父母都不管的情景讓你生氣，但是接下來你會知道，第一優先你要做的事情是：趕快先把你的飲料拿到桌裡邊去，把包包也拿到桌裡邊去；甚至如果可以的話，悄悄換個離他們比較遠的位置。這樣的話，就會是另外一個人氣呼呼寫那篇抱怨文，而不會是你了。

一般人看到事情，他是拿來「評論對錯」的；可是有智慧的人看到事情，他是拿來「預測未來」的。如果你能改成後者這個「早知道模式」，你會變成更有智慧的人，你的人生會更清靜自在。

看到不順眼的人事物只是一直在心裡面罵，卻沒有去預測未來和採取行動，這大概就是百分之八十的人在面對生活的方式，這就是為什麼一般人的人生很容易陷入紛紛擾擾，自己卻不知道是怎麼一回事的緣故。如果今天你有這個概念，例如你到公共場所、開車或去洽辦事情，碰到前面那個人好像怪怪的，或是有一桌特別乖張，小孩都已經跳到沙發上、鞋子沒脫，父母也沒在管。那你就會去思考，怎麼樣讓你跟他們之間，成為不相交集的平行宇宙。

所以對於目前的社會趨勢，如果你有通盤的了解，很多時候你就會懂得去「讓」。你會知道，你去讓並不是因為你是小孬孬，而是因為你選擇不要讓自己被別人捲進他們的因果裡面，你知道你讓了以後就不會有事情發生、不會有紛擾、不會跟人家起爭執、甚至不會發生命案。

你看我們在社會新聞裡面看到了什麼？一個長髮女生去吃火鍋，她的頭髮無意間甩到一個中年男人，男人勃然大怒，長髮女生道歉好幾次，他還是在罵她，導致這個女生也生氣了，她也大聲起來，結果那個男人就拿起火鍋潑到女生臉上。事發之後調閱監視錄影器，從他們開始有交集到那個男人拿火鍋去潑她，只有十九秒！以前潑人家沸水這種事情是除非有深仇大恨的，現在不用了；現在你看很多命案，都不用有深仇大恨就可以發生。

在這個例子裡面，假設你就是那個長髮女生，雖然是你的頭髮先掃到人家，讓人家不高興，可是這種事情通常說了「對不起」以後，一般來講人家就會OK了；可是這個男人卻不OK，還是一直在罵；然後你又說第二次、第三次對不起，你發現對方還是在罵。這時你就要警覺到這個人有狀況，他不是正常人的性格，那麼你就要問自己：「我要不要跟這樣的人的人生，產生交集？」如果你有這樣的知覺，接下來你就會思考如何將狀況大事化小的策略，而不能讓彼此的情緒繼續加溫下去。如果你沒有這樣的知覺，明明心裡已經覺得這個人跟一般人的反應不一樣，卻還是繼續把對方當做一般人，然後開始跟對方對嗆，那麼你就會被捲進他的因果，變成他情緒的出口了。

「隱藏」是一種高階的修行

高靈說，現代社會的發展趨勢：所謂的「三寶」，或外表普通但其實精神有狀況，或人模人樣卻只顧自己不管別人死活，或容易玻璃心、動不動就「羨慕、嫉妒、恨」的酸民⋯⋯這些人都會愈來愈多。所以，你要怎麼拿捏在社會互動裡面的「有關係」跟「沒關係」，是當下非常重要的課題。而在學習這樣的功課時，你也會發現，包括你的同事或是親戚家人，你是不是也有不知不覺地就去介入人家的事情，被人家的因果拉下去的狀況？自己是不是有些事情其實應該保持某種不去介入的距離，才是更健康的？這些你都會重新去覺察和思考，那你的人生就會處理得更清爽。

「梅爾達大自然占卜法」裡面有一張牌卡叫做「隱藏」，很多人覺得奇怪，為什麼會有這張牌？其實在大自然裡面，動物要能夠生存，隱藏的能力是很重要的，而不只是戰鬥的能力。隱藏就是沒有交集，沒有交集就不會有後續，這其實是處理事情很高階的修行；愈是上層社會、權力結構愈複雜的地方，「隱藏」幾乎可以說是最重要的必修功課，沒有學好的話，是會摔得很慘的。

透過你的先見之明，你可以讓很多事情「本來無一物」——本來沒有這件事，就不需要有任何的處理。反之，當你不能對當下了解得更深，而活在你的觀念裡面的時候（也就是頭腦），你就天天在跟人家發生各種被捲入人家因果的交集，過得紛紛擾擾；然後不管你覺得你是對的或錯的，你的成本都在消耗，你情緒都在累積，你就更「悲」了。

反過來，如果透過你的覺察而懂得置身於別人的因果劇本之外，你還是可以看到這些事情在上演，你的心裡反而可以有「慈」；因為你不是在損失裡面，而是在「明白」裡面，那你就能夠等待，就會知道，以現在這樣的社會階段，會有什麼樣的演化發展，都在你的預料之內。

培養敏銳度去看

那麼，如果已經發生交集了，要怎麼辦？例如車子就是跟人家相撞了、或是已經遭受到損害了……

首先就是要先評估眼前這個人是不是你可以駕馭的？所謂「可不可以駕馭」就是「你安不安全」。譬如說，你今天車子跟人家擦撞了，也許他錯你對，於是你很生氣走出來，對方也走出來，結果你一看他：一臉流氣、身材魁梧、身上還刺龍刺鳳，看起來就不像善類。那你明明是對的，也要收起你的情緒，想想看可以怎麼應對，可以讓你的安全為最優先。

換句話說，遇到事情都是要先看人，而不是看事情。

也就是說，現在你去辦事情，遇到很生氣的狀況，那你就要先看人，看面前的人怎麼樣？敏感對方是不是有狀況？如果你覺得能駕馭這個人，你才去進行一般的處理。高靈常常教我們不要逃避事情，要去面對、去學習，所以你碰到一個糾紛，確實不應該只因內心的害怕或想逃避，就不問是非不去處理了。只是現在要多加一道程序：先去判斷對方是不是你能駕馭得了的人？

有時候第一眼你不見得能判斷，可是當你開始說話了，你一定要一邊說話一邊仔細觀察對方的反應，那麼你就能感受到更多。也許有人會問：「有沒有一套判斷標準可以學呢？」答案是：「不宜有一套判斷標準，而是要去培養出你自己的敏銳度。」

因為「判斷準則」就是一種「觀念」，觀念永遠會有局限，甚至反過來會變成害你的東西（否則就不會有「專家專家、專門害人家」的順口溜了）。你需要培養的是一種「敏銳度」，一種有能力去敏感和分辨的能力。有的人天生就在某些方面很有敏銳度，但那個「天生」也就是人家過去世有付出覺察，有花時間、花成本去修出來的。所以如果你覺得，自己看人看事很沒有準頭，常常流於表面或平面，那你更不能老是去閱讀那種給你明確「一、二、三」的資訊或書籍，因為你會變得更依賴頭腦，你的天線（靈魂的直覺力）就會更加關閉了。

培養敏銳度比較快的方法，其實是跟著敏銳度很高、很有智慧的人去「看」生活中的大小事，你跟著他看久了，你那個能力就培養出來了。所以如果真的有福氣可以親近有智慧的前輩或老師，你一定要好好把握機會去跟著他學習。

有智慧，就可以活在天堂般的平行宇宙裡

最後高靈說：很多人總想說，不知道是不是真的有天堂和地獄？那這個你覺得是玄學的部分，你可以不去管；可是如果你願意睜開眼睛的話，在人間就看得到天堂，也看得到地獄。所謂的天堂，就是很多好事一起發生的社會；而當一個社會很多壞事一起發生時，那就是一個地獄。

當很多壞事一起發生的時候，這些壞事之間，會產生很多環環相扣的循環，變成很多事會每況愈下，誰也沒有辦法阻止這樣的惡性循環，那就會變成像是地獄。然而即便這個社會正在走向地獄，只要你是有智慧的，你還是可以「步步蓮花」地在裡面行走；也就是，雖然你也跟人家一樣活在這個世界，可是你的心是清涼的、你的步履是很穩健的，甚至還可以聞到芬芳……為什麼呢？因為當你愈有智慧，人家不景氣，你就還是很穩健；人家很紛擾，你就還是很安全；人家睡不著、吃不下，你就還是每天可以看到很多感謝，然後睡得很香甜。這就是佛陀說的：大家同在一個環境，可是每個人個別狀況是可以這麼不同。所以當你有智慧，無論社會變得怎樣，你都可以活在你天堂般的平行宇宙裡。

而「步步蓮花」不是一種心境，是一種能力，學佛的人常常以為學佛是在學一種心境，於是遇到事情就會告訴自己，我們要平常心、要放下、要海闊天空、不計較……這些當然

都沒錯，但這些都是修行的成果，你沒那個能力，就沒辦法走到那個成果。

所以所謂的「修為」，不是說我要來呈現一種心境，而是透過深入地去了解事情的各種角度以後，有了不被別人的「念」所限制的能力。有了這個能力，你就可以把你面前的絆腳石變成墊腳石，那你當然可以有那種海闊天空的心境，也能夠自然地去做利己利他的事，而勝任愉快，這就是在行菩薩道了。

如果你覺得今天提醒你的這些事，對你的親人朋友也會有幫助，那麼你可以跟他們分享這篇文章，讓他們更懂得怎樣因應這個時代，讓自己活得更安全、更清靜、更能自求多福，那你也就更不需要為他們擔心了。

☆他常打擾到我，自己卻不知道嗎？

你有沒有這種經驗？有的人每次來跟你接觸時，也許是LINE你什麼好康優惠活動，也許是在出遊相片上tag你，或是把你加入了什麼有趣的社團……可是你卻愈來愈想把他偷偷屏蔽掉，因為你知道他做的這些事，根本都是為了他自己。

停止只顧自我滿足的模式

很多人都不知道自己在浪費別人的時間，尤其當他想要跟某個人有所交集的時候，他就很容易因為自己的「想要」，去做出浪費別人時間的行為舉止。但是有這種「浪費別人時間的模式」的人，自己多半是看不到這些的，甚至連自己有這種「會去抓住別人的模式」，他自己都看不到。

高靈說，其實你在浪費別人時間的時候，別人心裡面通常是有感覺的，結果他反而能夠看透你這個人。也就是說，你反而暴露出那個你想要去「抓住什麼」的企圖心，而讓別人會悄悄開始跟你保持距離。

一般人通常因為不想造成尷尬，或是破壞和諧，所以就會稍微遷就一下他去做回應，結果那個跑去想跟人家有所交集的人，就覺得他「偷到了」、「得逞了」，甚至還會覺得：「欸，用這招可以！」高靈說：可是一個人如果發展出這種運作模式的話，他的人生其實整個都會往下走的。

因為會一直去打擾別人卻不自知的人，其實就是一個「貪」字作祟。有這個「貪」，就會讓他看不到別人的討厭和嫌棄；甚至即使他看到了，他還會更故意地，想要去吃人家豆腐（也有人的心態已經扭曲成這樣了）。所以這樣的人就會被別人「默默摒除」，很多機會就輪不到他，於是他的發展當然就會愈來愈不好。然後又因為覺得自己過得愈來愈不好，他就更不願意付出、更想要到處去抓，然後又更讓別人看破手腳、更想要跟他保持距離。這個循環跟我們平常說的「感謝＋反省＝奉獻」所形成的人生向上拋物線，剛好是相反的，它就會讓一個人的生涯每況愈下。

人與人之間，本來因為彼此的關係深淺、施與受的平衡、或相對位置，會有它自然的流動。可是有的人卻貪求得到超過這個自然範圍之外的對待，而以這種企求去做出各種舉止。於是這些作為，實際上對別人而言就是一種打擾。

所以我們在想與別人有任何交集的時候（尤其在網路時代，要這樣做特別容易），一定要先考慮到：「我有沒有在浪費別人的時間？」、「我有沒有打擾到別人？」如果你能這樣去查問自己的話，你就會看到你自己現在為什麼要這麼做？如果是因為你自己正在「貪」、正在「要」，那你就要踩煞車、停止這種只顧自我滿足的模式。因為你要相信，別人站在他的相對位置上，是會有感覺的，只是客套上人家不會說。

但這並不是說你都不要去麻煩到別人，像日本人那種太過壓抑的「不麻煩別人」，又太過度了。這裡說的是，在我們想去跟別人互動之前，要多一點思考，思考自己在做什麼？以及別人會怎麼看？這樣你就會變得更成熟。甚至於你就會看得到自己內心常常上演的小劇場，會知道自己為什麼老是想去那麼做？如果再深入一點觀照下去，說不定你還可以看得到你生命隱藏的課題，就明白為什麼在生涯上會碰到某些瓶頸了。

於是你甚至不用來找老師指點，自己就知道可以怎麼樣去調整，讓你的人生愈來愈好。只是，當人有「貪」的時候，那個惡性循環就好像一台絞肉機似地，會一直把你的一切絞進去，讓你難以從中脫身（會有很多「既得利益」與「恐懼」的拉扯），這個就是所謂的「因果」。如果人可以那麼簡單地從「因果」裡面拔出來的話，大家就不會說「做人好難」了。

被金錢控制的人，貪小失大

所以為什麼「心存善念」這麼重要？因為「心存善念」的人，不容易因為既得利益或恐懼，而去粉飾自己的自私，這樣才可以自修，而不一定需要老師。可是問題就在於，大部分的人都自認為自己有心存善念，而不知道自己很多時候的起心動念，其實是在做什麼？別人不好意思講，他自己也看不到。

例如有的人教養很好，他也真的認為自己都是很有理念地在處事與生活的，但其實他靈魂的根底，是貪欲很強的；他的起心動念，其實是一直想在人生中運籌帷幄，去「拿到東西」，遠勝於要對別人有所貢獻。當然在頭腦上，他也知道要去「給」、去「付出」，可是每次他的「給」都是有所圖才會去給的，而且都會想要操作「槓桿」，讓他的「付出」可以「以小搏大」。這種人很善於營造好的形象，可是實際跟他有過近距離交集，相處時間久一點以後，就會發現他總是想用略施小惠的方式，去讓人為他效勞，或是得到特殊待遇，期待自己能以此等「幸運」去往上發展。那你就會體認到他的這個隱藏版的部分了。

所以這樣的人是很難自修的，他甚至會認為自己「很順著流走」，連他自己都騙過了。那麼別人能不能察覺到他的貪？可以的，只要閱歷層次在他之上或相處久一點的人，都可以察覺得出來。所以這一類的人，表面上看起來好像很聰慧、也很知道怎麼做人處世，可是你只要長遠一點去觀察，就會看到一件驚人的事：他們的人生其實是一直在「省小錢、虧大錢」，非常地不划算。

為什麼呢？高靈說，因為他們其實就會是「被金錢控制」的人。他們心裡其實一直活在對金錢的執著與匱乏感裡面，斤斤計較，只是他們會把這個部分隱藏在他們的教養之下而已。

由於他們並不會運用金錢去形成跟別人真正的良性循環，而是一直想要讓自己占到便宜（賺到好處）（例如對要支付給別人的錢總是東扣西扣、能拖就拖……），所以他們人生的焦點，不知不覺都會一直放在「不想有所損失」上面，而變得很沒有安全感。結果，比他聰明的人如果也心術不正，看到他那種逐利又計較的本性，就會做一個局去讓他去上鉤，從他身上海撈一票（偏偏這樣的人在現今社會非常之多）。因此，每一次當他以「西瓜偎大邊」的想法去做投資，小賺之後最後都會演變成大賠，被吃掉的都是大錢。而損失了大錢，就更加強了他對人生的不安全感，以及對於累積金錢數字的重視，那他就又抓得更緊、變得更吝嗇了。

可嘆的是，到最後被神棍騙的也是這些人。為什麼呢？因為他一直都在功利的計算裡面，所以老師的好壞，他也分辨不出來。當他不甘心損失，想要人生翻盤的時候，就到處去求神問卜，結果愈會對他花言巧語、講他想聽的話的人，他反而愈聽信，就繼續被人家宰割。

這就是為什麼大家在新聞裡面會看到，有些高階的公務員、高學歷的教授，甚至形象良好的媒體名人，怎麼有一天突然爆出被騙好幾千萬的事情。當然並不是每一個案例都是上述的因果，但其中有很多人確實是如此：一輩子的精打細算，就被人家幾下子騙光光了。所以在個人的因果上，這並不是厄運，而是走在「貪」的軌道上沒有自覺，或是不願意自覺，遲早會碰到的事。

按部就班地去付出和學習

花言巧語能夠騙得了人，常常是因為人自己有「貪」，一旦有貪，那麼就算那些花言巧語裡面明明有說不通的東西，他都會去「自我解釋」。但這種「自我解釋」其實就是因果業力的現前（之前文章說的「因果病」），在把這個人的人生往下拖。

所以人的「清明」是很重要的，「清明」才能讓你知道：如果你要往哪裡去的話，該做什麼樣的付出和學習，是不可以省、也不可以貪的。然後如果你就有按部就班地去付出和學習，那人要愈過愈好、要實現理想，不但指日可待，也不會「德不配位」而招致災殃。

所以再拉回到今天的主題，高靈說：你的人生如果一直是在打擾別人和麻煩別人，那你也要去看看，這裡面你有沒有感謝？有沒有真心的奉獻和回饋？如果你沒有感謝、沒有真心的奉獻和回饋，還常常去打擾（利用）別人，甚至認為自己有得逞而沾沾自喜，那你的人生其實是在往下走的。如果不信的話，不妨回想一下五年前的自己，那時是不是過得還比現在好呢？

而今天這個主題，也是在告訴我們：

如果你的人生一直在往下走，切莫怨天尤人，請你要相信，自己一定有自己沒看見的不善之處，要願意回頭多做反省，去把它們找出來，你就不會繼續受苦了。如果自己找不出來，你也可以去找有智慧的老師來幫你察看，讓你早一點脫離你的這些「因因果果」。

當然，你若希望任何人來幫你，首先你一定要下定決心，願意脫離你的舒適圈，為自己的未來付出那些你以前不願意付出的努力，這樣別人對你的幫助才會有效。否則的話，你的人生模式就會變成是：一定要等到苦夠了、受夠了、賠光了，你才會願意從那個很慘的點再慢慢爬起來。可是到時候，該做的事還是照樣要做，卻是在處境更艱困的條件下做，這樣不是很辛苦嗎？人生本來是可以在喜悅、豐盛的道路中學習的，何苦要在「上刀山、下油鍋」的狀態下學習呢？

☆他好像很故意？談「因果纏繞」現象

開車在高速公路上，你有沒有這樣的經驗？有一輛車開得特別慢，一直擋在你前面；當你變換到另一個車道打算超車時，他卻突然加快了，然後也打起方向燈變換到你的車道上，又把你給擋住。接著，當你打算再換到更外線的車道行駛時，才剛打方向燈，對方竟然也亮起方向燈了。

很多人會以為對方是故意要跟自己作對，高靈說，其實有很多時候並不是的。對方真的就只是在想自己的事情，可是他的動作卻就這麼剛好，在這段期間跟你的所有動作「對衝」，形成「完美的阻礙」，這種情形，叫做「因果纏繞」現象。

短暫的「因果纏繞現象」，不要深陷

「因果纏繞現象」也是一種同步性事件，卻鮮少有人提及；那個你覺得「好像很故意」的人，其實只是個「跟你的因果系統，在那個當下形成罣礙」的人。也就像對方變成是你的一個「坎」，會讓你覺得是一種阻礙，可是他並不是故意要針對你的。

例如那個開車的人，他其實只是按照他的意念想快就快、想慢就慢，可是就會是這麼剛好，你想快的時候他就慢在那裡，你想從別的地方超車時，他又突然快起來讓你超不了。日後如果你有觀察到這個現象，就要想到這可能是今天告訴你的「因果纏繞現象」。因果纏繞現象其實只會維持短暫的時間，你只要有意識地跟對方拉開距離，就可以解除這個狀況，不必跟對方生氣。

如果你不知道有這種「因果纏繞現象」的存在，就很可能認定對方是故意的，然後就會想去逼車；或是在超車的時候，故意從對方的車身近距離「剪過去」，想給對方一些顏色瞧瞧。結果萬一跟對方撞在一起，或是跟對方起了真正的衝突，那這個因果的糾纏，真的就沒完沒了了。

「因果纏繞現象」當然不只會發生在公路上，學校、辦公室……各種地方都會發生，其實是非常頻繁的，只是看你會不會去留意到。以前有句俗諺說：「半路殺出個程咬金。」就是在講有個人居然不早不晚地，就這麼剛好在你最關鍵的時刻，冒出來破壞了你的好事。有很多時候，這就是你跟另一個人，發生了因果纏繞現象而已。

這種時候，人通常會很有情緒地去跟那個人陷入更深的糾纏。然而高靈說，你要把它當做是宇宙突然丟了一張考卷給你；要把它當成是一個答題的關鍵時刻，需要你調整成冷靜沉著的狀態去面對它。所以你就不能被情緒綁架，想去跟對方針鋒相對、想去給他一個教訓……你要用智慧去思考：「這只是一個暫時的纏繞現象，我要怎麼保持平安呢？我要怎麼拉開彼此的距離，轉個彎去做我本來要做的事呢？」此時若能夠當做一張考卷去思考，你就能夠做出趨吉避凶的決定。

其實這也是一種「心存善念」，即便你也是因為不想讓自己的損失更大。但是有這個「願意讓開」的善念，你反而會真正節省你的時間，早一點找到別的路徑，去達成你原本要做的事。反之，如果在因果纏繞現象發生的時候，你生起了一個「他是故意的」的念頭，接下來這個念頭讓你的行為散發出來的能量，就會真的引起對方注意到「你」了，那麼這個纏繞就會更被延長，而將你的損失擴大。

拉開距離，避免交集，解除因果纏繞現象

其實退一步來說，即便對方真的是故意來找碴的，「讓開」還是比較有效益的。因為「讓開」並不是要你放棄你的目標，而是要激發你的思考力，找到更多角度，以開闢更多元的路徑去達成你的目標。所以這裡我們也可以附帶地延伸出以下的領悟：

讓了，卻不放棄自己目標的人，智慧就會一直提升，而目標終將達成。

讓了，卻也放棄目標了，人生則會一事無成，還會抑鬱生病。

不讓，也不放棄目標的人，可能會根本到達不了；或是到達了也已經身心俱疲、四處

樹敵，無福消受成果。

你覺得當哪一種人比較好呢？

話題再拉回來，「因果纏繞現象」就像是一種非常短期的運勢，它的特徵就是：你會感覺到有一種不斷被同一個人、事、物阻礙的現象，可是這並不是平常生活的常態。如果發現有這樣的非常態現象，可能就是「因果纏繞」在發生了（如果是常態，那應該是你靈魂的功課之一）。那如果發生了因果纏繞現象，可以怎麼去解除它呢？

例如開車一直被某輛車子擋道，你就可以慢慢去拉開距離，等到離對方夠遠的時候再去變換車道；甚至乾脆先停到路邊，等這一刻過去了之後再繼續行駛。又例如跟主管的相處，以前明明好好的，忽然間這一週頻頻相衝，你就可以在這段期間內，有事情盡量找適合的人去轉達，盡量減少你們直接面對的機會等等。總而言之，解除之道就是「拉開距離，避免交集」。

有些人會發現，如果他在一天的一開始就發生了這樣的現象，常常一整天就都會遇到類似的情形，只是或大或小。這不是巧合，而是宇宙的天體運行（集體意識的各種流動）裡面，有些時段發生某類事情的機率確實會比較高，而這就是所謂的「運勢」。有些人可以自己感覺到這樣的運勢，那他可能今天去簽合約的時候，就會把合約看得更加仔細清楚；或是今天就會跟某個人化於無形的保持一個距離，暫時不要有交集……等，那他就比較可以趨吉避凶了。

智慧的開啟，可以見微知著、逢凶化吉

宇宙能量的運行，有數不盡的軌道在交錯，所以例如大家平常喜歡察看的星座運勢，叫人要注意身體、小心口舌等等，這些推演比較像是你用只有十二色的彩色筆在描繪宇宙，便只能粗略地對於這個運行，描述一個大概；所以對每一個千差萬別的個人來說，就會有的人很準、有的人不準，或是有時非常準有時又非常不準。

如果你想要「一直都很準」的知道自己的運勢，那你就要去發展你自己對你自己運勢的「覺」，而不能期待一套公式去給你標準答案；因為沒有一本書或一套演算法，能夠比「你自己的心」——這台超級電腦——還貼近你的生活、掌握所有的參數。所以最有能力細緻地觀察與感悟你生活中顯現的一切的那個人，就是你自己。如果你對自己生活中各種事情的演化，一直都有在觀察，而不是活在慣性與主觀裡面的話，慢慢地你就會變成對於發生在你四周的事，開始有預知的能力。

所以高靈說，「因果纏繞」現象發生的時候，如果你能夠敏感辨知，不隨情緒起舞，這也是一種「覺」的練習。傳統的學佛不講運勢，是因為著重在智慧的開啟，希望強調人可以改造命運。不過事實上那些真正有修為的高僧活佛，也都能夠覺察到運勢的；他們會

知道怎麼樣去隨順這些運勢做事，例如何時可以出來大鳴大放、何時則應該韜光養晦，他們是有感應的。

其實，當很多人間的足跡你走過了，都有在覺察的話，這些覺察的拼圖逐漸融會貫通起來，你是可以擁有料事如神的能力的，這一點都不玄。所以真正的學佛，不是只有「修身養性」的這一面，它確實也能夠讓你趨吉避凶、逢凶化吉。

更進一步地說，學佛是可以讓你看得到「勢頭」、聞得到「風向」，而讓你想做什麼事，就能夠「所做皆辦」的。否則，我們所敬重的佛菩薩，如何能夠超越各種世間的險阻，駕馭集體意識的貪嗔癡，在世間裡成就弘法利生的大事業呢？這都是因為你經歷人生的點點滴滴時，能夠摒除主觀，有在觀察、有在看，那這個「覺」的修練，就能夠開啟你做人做事時的「早知道」。

很多學佛的人是沒有意識到這個角度的，但是「見微知著」這句成語，就是在形容一個人能夠從很小的一點端倪，就意識到整個社會的脈動。所以人是可以有這種預知的能力的，而學佛本來應該就是，會讓你變得更有智慧，也同時更有能力的。

☆如何發自內心，圓融地說話？——兼談平行宇宙與星際效應

在投票選舉的時候，雖然我們常說選舉是要選「會做事的人」，可是相信大家從選舉的過程裡面也看得出來，不會說話的候選人大概也很難當選。因此，一個人會做事也要會表達，在現在的社會才能夠得到更多的機會。

所以今天我們要來研究，怎麼樣把話說得更好。但是在這之前，首先是一個心態上的建立，每次要去跟別人說話之前，有句話可以先放在心裡提醒自己：說完話以後，我是想要多一個朋友還是多一個敵人呢？

用說話來累積長遠的福報

每一次我們跟別人說完話，就有一個東西在其中發生了改變，那就是彼此對對方的好惡，人跟機器不一樣，人的特點就是有好惡之心。別人與你無論談論什麼，即使只是工作上的例行交代，說完之後都會有一個額外的東西產生，就是「對你的感覺」；也就是說話

之後的結果，幾乎沒有所謂的「中性」，它要不使你跟別人的關係更好一點點，就是更壞一點點。可是這「一點點」卻會對彼此的人生造成蝴蝶效應般的影響。

例如別人會把一個你可能需要的訊息告訴你，常常就是因為他對你曾經有過那麼一點好印象；而某個人沒有把某個機會 pass 給你，常常也只不過是因為他曾經對你有那麼一點不好的感覺。所以我們每次說話雖然都有一個當下的目的，可是也要記得它也會產生出長遠的影響。有時候你凶一點、急一點、強勢一點甚至狡猾一點，也許真的可以迅速達成你的目的，但是長遠來說，副作用會愈來愈大，最後會弊大於利。所以懂得說話的人，是會用說話來累積長遠的福報的。

「用說話來累積長遠的福報」，如此看待自己的每一次說話，這是學習把話說好很重要的基礎。

有了這個基礎，接下來我們就可以學習怎麼樣「發自內心，圓融的說話了」。先來說一個真實的故事，這是關於一個人如何變得更圓融的說話的真實例子。

我的朋友有一天去植物園散步，那個地方有一個池塘區，池塘區的旁邊有一大塊空地，雖然是空地，但是是鋪著平整的黑色地磚的；結果那一天他經過那裡時，居然看到有一個中年男人，把地磚區域當作黑板，蹲在地上，拿著一塊石頭就在地面上恣意地刻寫，一面滔滔不絕地在跟旁邊一個朋友不知道在解說什麼。

當時我的朋友立刻覺得生氣，心裡想：怎麼有這麼沒公德心的人！然後他就有一股衝動想過去制止對方。說到這裡，像這種情景，如果是你，走過去會對那男人怎麼說呢？

「先生，請你不要在這邊寫好嗎？這樣會破壞公物耶！」朋友說，如果真的衝過去，大概會這麼說吧？

不過我的朋友抑制了自己的衝動，他停在原地，思考了兩三分鐘，然後他說，他突然想通了某些事，完全不生氣了，並且產生了他覺得更好的說法，於是他就走過去平和地說：「先生，這樣刮地磚會不會留下痕跡啊？我覺得這邊地磚鋪得很美，真的不希望它被刮花了。」

結果，那個中年男人站起來，用腳往地上磨了幾下，字跡不見了，他說：「不會啦！你看。」然後晃了晃手上的小石頭，意思是，字跡是來自石頭的粉末。

「喔！那就還好！」我的朋友笑了，然後說：「不過就在隔壁有一個草坪，旁邊有泥土地，建議你們去那裡寫比較好。不然的話，我這裡有紙和筆，借給你們用，好不好？因為這裡有很多來參觀的小朋友，他們如果學大人這樣做，不一定能夠拿捏分寸，也許就損傷地面了。」

最後那個男人跟他的朋友就移動到了草坪那邊去寫了。

聽了我朋友的敘述，我問他，是做了什麼思考所以不生氣了？

太極式思考

朋友說，他先去感覺自己生氣的原因，是覺得對方「怎麼可以因為自己的私利就不管別人，破壞地磚」，所以那個「不管別人」是讓自己生氣的第一個點；心疼地磚被刮花，是生氣的第二個點。然後他就思考說，如果有一個人可以這麼做，那麼他當下究竟處在什麼樣的意識狀態呢？

這麼一想，他就開始盯著那個男人仔細的看，然後他留意到對方的年紀和穿著，感覺很鄉土，而他的動作，正熱切地畫著地面在跟朋友討論不知道什麼事。突然間我朋友就想起，小時候住在鄉下時，他跟別的孩子也曾經隨意撿起一塊石頭就在水泥地上寫字畫圖，不要的時候，又用腳來回磨一磨擦掉的情景。於是他思考到，對方正投入的情境，與自己所知覺的「世界」，很可能是不同的。

首先，對方也許覺得寫完之後再用腳擦掉就好了。其次，對方也許並不像自己一樣覺得這片地磚是美的，自己會覺得地磚美，是因為平常比較關注周遭環境，才會慢慢建立這種美感意識；而其實很多台灣人對環境都是當作背景沒去注意的，所以不能認定他們跟自己一樣也看到了美，還會故意去破壞。第三，我的朋友一開始就認定地磚已經被刮壞了，可是其實，自己並不知道啊！

反思到這裡時，他就不生氣了，於是他就去想，該怎麼去關心這件事才比較妥當，於是才會說：「先生，這樣刮地磚會不會留下痕跡？我覺得這邊地磚鋪得很美，真的不希望它被刮花了。」

就我來看，這真的是更圓融的關切方式。他表達的是自己的擔心，而提出的方式是用一個中性的問句，給雙方都保留了空間，沒有說對方一定是故意的，也沒有說對方造成破壞了，可是卻也傳遞出了自己的初衷、自己的擔憂，並且勇敢地介入了。

想想看另一個版本，如果在大庭廣眾之下，直指對方破壞公物、沒公德心。雖然對方可能突然在一瞬之間發現自己的作為在別人眼裡的意義，卻也可能會有一種「我不是這麼壞的人」的被誤解感和屈辱感，接著雙方也許就吵起來了。

上面這個例子，我這位朋友所用的思考方式，叫做「太極式思考」，一旦一個人切入這種太極式的思考模式，他的說話就很容易變得更圓融。

什麼是「太極式思考」呢？就是每當自己對事情下了一個評判時，就試著去想像：如果有人跟我的評判剛好完全相反，那麼會因為什麼原因，而變得可能。

例如當你去逛街看見一件衣服，你心裡覺得「這好醜喔」時，你就問自己：「如果真的有人覺得這件衣服很美，穿在身上會很喜歡，那麼可能是因為什麼？又可能是哪些人會覺得很美？」甚至於你可以故意改口說：「這好美喔！」然後去重新感覺看待這件衣服的不同視角。

相反地，譬如你看了一部電影，自己覺得：「好棒喔！」那麼你也可以去模擬：「那有沒有人會覺得很爛？假設真的有人會這麼覺得，那麼他可能是站在什麼樣的立足點？又可能有哪一些人會覺得很糟？」

如果你是做生意的，碰到了自己認為的奧客，你心裡想：「好討厭喔！」那麼你就要試著去思考：「那會不會有人會覺得不討厭？假設有人遇到這種客人不會討厭，那可能的原因是什麼？」

再例如，也許你正跟某個人起衝突，他所指責的事情你覺得很無辜，這時候你也可以去想：「也許我的本意不是如此，但如果他真的就是這樣覺得，那我的行為，有什麼原因從這個人那裡看起來，真的像是他說的那樣呢？」

同時理解你與對立的另一方，你的智慧會變得圓滿

這種思考方式會幫助你提高視野，變成同時可以俯瞰你自己與別人的平行宇宙。我們經常不自覺地以為，自己與別人是活在同一個世界裡面的；其實，每一個人都活在自己「認知場」裡面，我把它稱之為「平行宇宙」。

太極圖是一個圓圈，裡面有黑白兩極，以互補的方式結合成一個完美的圓。這個太極

圖的涵意很深，花三天三夜也講不完，但用在今天講的主題裡，它的意義就可以是：如果你能夠同時理解你自己以及與你對立的另一方，你的智慧當下就會變得圓滿。

所以每當你要去說話的時候，先看看你要說的內容裡面有沒有評判？如果有，就先針對這個評判，代入「太極式思考」，看看會不會有什麼新的視野來提醒你；然後你就會發現，你的情緒會變得更放鬆、更平和，自己說出來的話也會變得更周延、更客觀、更有空間了。於是你的表達就更圓融了，而這卻不是照本宣科出來的技巧，而是發自於內心。

這裡也就能夠說明「圓融」和「圓滑」的不同。「圓滑」只是以避免衝突為目地，可是卻常常生產出更多謊言；可是「圓融」卻是基於了解差異，去掉心中的主觀，做出思言行修正的一種狀態。

每一個人都像是一個平行宇宙，每當你願意進去了解，你就會漸漸看懂了這個與你不同的宇宙；當你看懂的平行宇宙愈多，你的智慧就會愈高，你就愈能接納不同的平行宇宙，也知道該怎麼跟不同的平行宇宙說話、對應，那麼你也就變得「自我」愈少，「圓融」愈多了。其實，這個就是靈修中說的「合一」，「合一」就是你的意識能設身處地的理解愈來愈多的人（他的黑與白都了解），而這自然會導致圓融；這種「圓融」就是「五次元的愛」，這個愛會把你一直一直往更高層次的「合一」拉，那麼這就是一個靈性上所謂「回家」

的進程。

在這個進程上，你還會開始能夠接觸到「未來的你」，那些更進化的你對你自己的幫忙，你開始能夠感知到他們了，這是因為你進入了更大的合一裡面；這已經不是在三次元了，而是五次元的狀態，這就是《星際效應》裡面在試圖說明的事情。不過《星際效應》仍然是一個用人類的頭腦模式去做的比喻，而不真的是實相的本身。有的人很期待我能分享《星際效應》的觀後感，就像之前寫《露西》一樣。其實這是個非常困難的任務，因為要講的東西其實超越了語言文字，如果能夠較為恰當地演繹，那麼我就會發表的。

☆幫人撐傘，矮的人辛苦，高的人輕鬆

大部分人都知道，跟人在一起時要互相幫助，例如走在路上突然下雨了，朋友沒帶傘，你帶了，那麼你就會說：「來！我幫你撐個傘。」

兩個人共撐一把傘，看起來誰撐都一樣，但其實是不一樣的，個子高的那個人撐傘的話，不但會比較輕鬆，也比較不會不小心讓雨傘去戳到對方。

相對的，比較矮的那個人如果要撐傘，手就必須舉得比平常更高，而且也要一直留意自己的動作會不會讓對方行動不便，如果這些沒有格外注意的話，就會一直讓傘架去頂到對方的頭，或是戳到他的身體，反而讓對方非常不舒服。

這個道理就在告訴我們：有的人想要去幫助別人，可是事實上他幫助人的能力不夠高，又一直要去做，他就會讓被幫助的人覺得很不舒服，結果離開他。

很多常說「我是為你好」的人，就是因為常常搶著要去幫忙，可是又感覺到別人的抗拒或討厭，才會說這句話的。那麼今後，當這句話含在嘴邊快要跑出來的時候，請提醒自己想想今天讀到的這個比喻，然後問自己：我真的知道怎麼幫他「撐傘」嗎？那麼你就會

願意騰出空間，讓自己再去做更多觀察和學習，如此一來，你以後一定會逐漸做得更有效、做得更好的。

所以為什麼人要一直保持謙卑，一直願意學習？因為「幫助別人」的能力裡面，也是有層次與高低的。此外，如果你的閱歷在一樓，卻想要去幫助在五樓的人，那麼這些在比較高樓層的人，他不會去跟你計較，但也不會給你機會去介入的。

什麼意思呢？有很多人做一個行業，就說自己想做「高端客戶」，但是除非你拿傘的角度，有隨著高端客戶去調整，他才能感受到你替他遮陽或遮雨，真的是幫對忙的；否則高端客戶會很快看到你根本還沒有這個能力，就想賺他的錢，他們會立刻化於無形地就把你過濾掉，那你就會很困惑，自己一直很努力地想往上爬，為何卻總是不得其門而入呢？

其實無論任何行業，只想著賺錢，或是自己不知道自己哪裡能力不足的話，就會一直感覺到事與願違，做不上去。例如很多老闆，他也想要擁有更高層級的人脈，以便於拓展事業，但是他們卻沒想到，更高層級的那些人，他們一看到你，就知道你是要來做什麼的，可是你卻不知道他們會考慮些什麼？他們真正想要的是什麼？也不知道他們從他們的角度來看你（現在的位置），會看到什麼？這些都不了解，你就一直砸下成本去運作，那是會有去無回的，甚至會變成被別人利用的棋子（肥羊）。

還有例如很多心靈老師，認為自己已經是個老師，不好意思再去跟別的老師學習，這也是很錯誤的想法；如果心靈老師的上面沒有老師的話，你會走得比人家慢很多，因為你的盲點自己是看不見的。

總之，任何行業都是在服務別人，也就是在就別人的需求去幫助他，那麼這就像在幫人撐傘一樣，你必須時時站在別人的角度去考量，並且很清楚在彼此的相對位置之間，自己該怎麼做才是好的？這樣你就能夠為別人所倚重，也自然能夠創造豐盛，不需要汲汲營營、又對未來惶惶不安了。所以不斷地透過學習去拉高視野、體察別人，才是真正能夠讓你的初衷、你的愛與理想，不會變質的方法。

常有人問：「怎樣做，不會讓我最後遺忘了初衷？」答案也就在這裡了。

※延伸閱讀：〈管太多，最後傷的絕對是自己〉，參見本書P.193。

☆離開人際的「小圈圈」，飛向「做自己」的藍天

接觸心靈成長的學習領域，本來是件很好的事，很多人也都知道，自己是要到這裡面來幫助自己覺醒的。但是既然你要覺醒，這則高靈的訊息就會對你很有益：

不要加入「小圈圈」

「覺醒」的第一個步驟就是：不要加入任何靈修團體裡的「小圈圈」。

視野狹隘的人，常常不知道自己視野狹隘，可是視野狹隘就很容易碰到事情會有情緒，這個情緒又想要被認同，所以就很容易找相同程度的人吸引在一起，發展成一個小圈圈，在裡面彼此催眠、彼此取暖，然後又慢慢會發展成彼此要求、彼此控制。宗教圈或靈修圈裡面的團體，這種陷阱尤其多，但是當你掉入這種小圈圈的人際關係裡面，就會慢慢地沉淪而不自知。

並不是小團體就是「小圈圈」，這裡所謂的「小圈圈」是指：很喜歡聚在一起道人長短、論人是非的人際圈——而這是「小圈圈」最明顯的特徵。

真正「有在修」的人，對於別人的事情，只會拿來反省自己，看看有沒有能夠用來幫助自己成長的養分；可是上述說的「小圈圈」的人，聚在一起都是在講人家的「對與錯」、「好與壞」。因此，你會發現這種「說長道短」還有一個特徵，就是：在跟他們談話的時候，你的情緒是會一直被他們拉進去的。

加入「小圈圈」，剛開始會讓你感覺情緒得到出口，終於可以釋放，彷彿大家是在裡面互相支持、互相照顧，讓你感到安全，是很有「情」的；可是待在小圈圈久了以後，害處就會逐漸浮現了！首先，它會讓一個人不知不覺地退步，慢慢地變得更容易被情緒控制。

因為你的觀點與情緒總是會被其他成員認同而強化，讓你在實際的生活中遭遇問題時，更看不到自己的盲點，卻習慣對別人片面的論斷。於是每每有不如意的事情發生時，你們雖然會彼此討拍，卻實際上對許多人事物累積更多看不慣的情緒。結果有一天，當某件事情碰到利字當頭時，你的內心明明知道這樣做不對（也許會對別人造成不公平），可是就會突然「有一股不甘心的情緒上來」，一種莫名其妙的衝動，就讓你想要狠下心那樣去做。

請記得，當你明知道這樣做是不對的，卻又有一股氣憤的情緒，讓你執意想去這麼做，這就是你「變壞」了。在這個時候你也可以觀察到，自己開始有一種扭曲，例如會給自己一種可以合理化的說詞，去支持自己的所為所為。當你觀察到自己有這些情形時，你就知道你已經為情緒所控制，開始在做「按照你的良知，本來是不會去做的事」了，這就是待在小圈圈愈久，愈會發生的第一種變化：你在現實中的為人處世，會愈來愈偏頗。

被控制的「小圈圈」強化愈來愈封閉的「自我」

其次，加入「小圈圈」，慢慢會變成被人家利用的「下線」。

「小圈圈」其實就是派系的雛形，「圈圈」剛形成的時候，確實會是比較單純的，但是那些成形已久的「小圈圈」——你可以去觀察——就會有隱性的階級存在。即使是在公園裡面，看似無害的「八卦小圈圈」，只要時間一久，就會出現被拗、被欺負的成員；因為「小圈圈」表面上有情，但實際上就是一群喜歡計較、想要占人家便宜的人，在用這個「情」去試圖控制別人的一個交際圈。所以每個小圈圈久了以後，企圖心與能力比較強的人，就會漸漸地把手伸進弱者那裡獲得利益；而弱者也會再循同樣的模式，去找更弱者（也許是新成員）下手……就好像一種上下線的關係。很多人在宗教或靈修道場裡面所謂「被騙」、「人財兩失」的經驗，其實仔細去看，很多也就是一個從「小圈圈」→「被控制」→「被榨乾」的過程。

最後一個害處：「小圈圈」會讓人愈來愈窮。

因為「小圈圈」的觀念是封閉的、盲點是很多的，那麼就算一個人過去累積了些許財富或成就，也會開始退步、開始走下坡；久而久之，他的舉止也會反映出窮酸、計較的感覺。那麼只要是過得更健康、層次更高的人接觸到他們這群人，都會馬上感覺到那種器量狹小的感覺，而想要遠離。換言之，這變成了一個「反淘汰」的循環：心態健康的成員會離開、真的能幫助他們往上走的人不會想去接觸他們，只有層次一樣低（甚至更糟）的人才會一直過來聚集。那麼這些人的人生還上得去嗎？

回顧當初，本來你去靈修，是為了找到「我是誰」；可是在小圈圈裡，你會強化那個讓你愈來愈封閉的「自我」，而不是「我是誰」。所以你要離開「小圈圈」，維持自己是一個「覺醒的個體」，才能夠在靈修的路途上慢慢去知道「我是誰」。

從「感謝與反省」出發

這裡就可以接著談，什麼是「我是誰」，什麼又是「自我」了。

當你找到所謂的「我是誰」時，那個「我是誰」絕對會有慈悲、會有愛的，你會真正的去為人奉獻，而不是想去討愛。也就是說，明白「我是誰」的人，他的行為模式一定是從「感謝與反省」出發的，所以他對這個世界會用更多角度去看，並且願意去入境隨俗，因而能夠更有柔軟度，去等待（或引導）別人的成長；而凡是沒有從「感謝和反省」出發的，那都會是「自我」無誤，這一點是絕對正確、也是如何區辨兩者的重點。

當然現在有很多宗教人士或政治人物，明明是因為自己想要舞台、想要發展，卻也很敢把「感恩」掛在嘴上，說他們所做的事都是為了回饋社會、幫助需要幫助的人。不過這樣的人，無論如何嫻熟於包裝，面相是會反映出來的，你看面相就不會被欺騙，但這不是今日的主題，就先跳過不談。

「小圈圈」的害處，當然並不限於靈修領域，所以無論在那裡——包括職場或其他社會社團——你都可以去警覺自己是不是正在「小圈圈」裡面。例如你們一票人在一起的時候，是不是經常把你們的興趣，放在談論別人（或別的團體）的是非、放在小道消息的交換上呢？或是只是在同溫層裡面相濡以沫，並沒有促使你們更有能力去面對現實呢？記得：如果它現在已經是個「舒適圈」，它遲早會變成「小圈圈」的。只要有這些跡象，你就要去調整這樣的互動模式；如果不能調整，那你就要考慮離開，去其他真的能督促你成長的地方學習。

高靈說，不加入「小圈圈」，是「覺醒」最起碼的第一步，如果連這個都做不到的話，還談什麼「修行」、「成長」呢？學習心靈成長的目的，本來是要讓你卸下自我封閉，更輕盈地飛翔在人生之中的，請不要不知不覺地，又跑去跟別人勾綁在是非中，一起往下掉了。

☆畢業，就是「該繼續往前走了」

又是畢業的季節了。

學校的功課有階段性；業力的功課，其實也是一樣。

人從小一路唸書上來，剛開始，會相遇在一起成為同班，例如幼稚園、國小，班上的同學，幾乎都是住在附近的。到了國、高中以後，就逐漸變成是相同能力的人，才會相遇在一起上學。大學以後更是如此了，同志趣、同能力的人才會聚集在一個課堂（科系）中上課。

每經過一段時間的學習，你就會「畢業」，而「畢」「業」顧名思義，就是你終於「結束」某個階段的「學習的負擔」了；那些預定要學會的內容、那些用來檢查你學習狀態的考試，都結束了。

畢業，與熟悉的人的離別

其實人生也像這樣。

例如一個本來是在公司工作的上班族，因為想要突破生涯的瓶頸，開了兼職的個人工作室；然後認真努力了幾年之後，又辭掉公司工作變成全職的 SOHO 族；接著再幾年過去，終於到了需要雇用人手、開設公司的階段；然後，他的公司又從三個人變成二十個人、一百個人……那他就會很清楚地感覺到，每個階段加諸給他「該學習的負擔」（即是業力）的內容，以及考卷的形態，是很明顯不同的。

然而，雖然每個階段的學習主題都不同，卻有一個一直存在的課題，就是與熟悉的人的離別。

就像是隨著國中、高中、大學，你一個階段又一個階段地畢業，在這個過程中，有一些本來很要好的同學、死黨，畢業之後剛開始還會常常碰頭、聊天、一起去玩；可是逐漸地，你發現你們之間的想法、觀念，甚至興趣，其實已經開始不同了。例如由於你一直在往前走、一直在學習，所以你的想法、視野也一直在更新，可是你最要好的同學卻還停留在原地，對於你渴望共鳴的新發現則總是忽略過去。因此雖然你們還是常常聊得貌似很愉快，可是你知道你們之間其實已經不一樣——你們不再是「同行」的了。這對很多人來說會是一件很難接受、很難去承認的事，因此你總會假裝你們還是那個「永遠的知己」，甚至就這樣持續地假裝很多年。可是其實，你們已經在更早的時候分道揚鑣了。

以前一起談論夢想，如此相知相惜的那份情誼、那份純真，曾經是你覺得生命中最無與倫比的珍貴，你們說好這些永遠都不要變。於是畢業以後，你也一直朝著當初你們所說的理想去前進，堅持著那份初衷；可是另一個人，當他遇到了某些功課，卻用了不同的「念」去做了「決定」，走上了另外一條路了。其實，就是在那一刻，你們已經分別了。

也許當年的他談論你們的夢想，講的比你還要熱血；可是現在卻只有你自己，是帶著那個夢想往前走的。幾十年後，你們的夢想終於在你手上實現了，然而在他的平行宇宙裡，那就畢竟只是個年少輕狂的夢。

所以你和他，都同樣從學校「畢業」了。但在「業力」上，他卻停在某個階段，就沒有「畢業」了。

所以你可以去觀察自己的人際關係，其實是有一種如同季節交替的現象的——某個時期會有一批人進來，同時又有一批人離去。而從「跟有些人開始變得很熟，跟有些人又逐漸變淡」的過程，你就可以察覺自己人生的階段性。

你的人際關係，也該有「階段性的畢業」

在人生的「因果業力」裡，所謂的「畢業」，其實就是「階段性的完成」。例如在同一個業務部門裡，大家本來都是同一間辦公室裡的同事，程度條件都差不多，可是有的人很努力學習、很認真工作，規定自己每天一定要打三通電話做陌生拜訪等等，於是他的業績就漸漸上去了。幾年之後，當他的能力和資源都累積得差不多，又有了更大的發展機緣出現，他就自己跳出去開公司了。這時候再回頭看，他就會很明顯地感覺到：是上一個階段的學習已經完成，才可以跳入下一個階段的；如果沒有完成上個階段的累積，具備該具備的能力，即使有機緣出現，自己也跳不上去的。

可是同一個辦公室裡，也有的業務就喜歡形成一個小圈圈，每天在咖啡店一起抱怨世道、嘲笑客戶……那這樣的「聚集」，就是在聚集一個「業」；這個「業」是在把裡面的每個人都往下拉，讓他們不想去跑業務，只喜歡批評說誰不好、誰怎樣、誰是踩著誰上去的，然後日子就這樣一天混過一天。至於有人離開了這裡出去開公司，他們自有其解釋：那個人愛逢迎、兩面人、運氣好、只顧自己……

其實他們就是聚在一起，在這個小圈圈裡面「造業」，然後就被互相造的這個業給拉住，無法繼續往前走了。於是，他們也就一直沒有辦法完成這個階段的學習，一直在重複著這個階段的苦悶，然後慢慢地讓自己的狀況變得愈來愈糟。

所以高靈說：人真的想要往前走，就是要去「畢業」！你要用「學校有畢業」這件事，去同樣地認知到：如果你是一個在往前走的人，你的人際關係也會是有階段性的，你也該讓它有「階段性的畢業」。

很多人對這種人際關係上的「畢業」是沒有認知的，所以當他們實際上已經跟過去的朋友、同學、同事在人生的道途上漸行漸遠，卻因為「情」——那份過去的美好，他就不願意去面對彼此已經漸行漸遠的事實，總還想把自己「塞」進那個「美好」裡面，結果是讓自己前進的腳步變得猶豫和停滯。

例如本來你已經有一個新的視野，想去做新的嘗試，甚至你已經正在做了，可是你卻要瞞著一干好友同學、親戚同事，以致於每到一個應該投入更多成本去做的關鍵點，你的心裡就一直有一個恐懼在拉住你：「他們會怎麼想？」「會不會誤會我？」「好難跟他們解釋喔！」所以你就又讓自己縮了回去，延遲了你該有的行動，又把自己「塞進了櫃子」裡去。

其實，人生也是該給自己在人際關係上，有「階段性的畢業」的。這不是現實，更不是勢利，而是當你真的有在往前走，自然而然會遭遇到的「必然」。你其實應該放手，讓這個漸行漸遠發生，允許在他們的眼裡，他們會那麼看你。只要在心裡面祝福著對方，繼續去走自己的路，這也就是一種「被討厭的勇氣」。

其實，當你勇敢地邁入你的下一個階段，自然會有這一個階段適合你去互動的友誼進來，這些人才真的可以了解這個階段的你、鼓勵你，並且能夠實質上幫助你。如果你還是一直想從舊的人際圈那裡獲得認同、害怕失去歸屬感，你會發現自己其實會愈來愈不快樂，因為你選擇讓他們的「業」去絆住你自己前進的腳步。

而這對你們雙方都沒有任何好處，遲早你會體認到，這種「情」的牽絆是雙輸的。因為逐漸地，他們會對你所認識的新朋友、你正在做的事和想達成的目標，都愈來愈不認同；

而你也會認為，他們不再像以前那樣愛你、支持你，似乎變得愈來愈自私；於是有一天，就必然會有一件事情來引爆你們無法明言的怒火，於是你們就在「覺得對方背叛了友誼」的狀況下決裂了。

其實你們之間並沒有誰是「背叛者」，就只是階段不同了。

當你坦然地面對你在人生功課的學習上，因「畢業」而來的分離，讓自己繼續往前走，你對於這些過去無話不談的好朋友、好同學，反而可以保有一份發自心底的「祝福」和「等待」。因為當你讓自己過得愈來愈好，你就會深深地知道：如果他們的人生想要更上一層樓的話，也一定是可以的。並且，到那個時候，已經累積了更多閱歷、生活過得更加豐盛的你，將有更多的心得與能力，可以幫他們一把。

所以，放下心裡那份「執意希望他們繼續與你同行」的執念，繼續往前走吧！而在這個「繼續往前走」的過程中，你就會更清楚地發現：當人的層次走上來的時候，對於之前的層次裡面，人們造成自己困境的種種觀念、心態和藉口（業），你是可以看得很清楚的！而你之所以看得到底下層次的人的「業」，這就是因為你在那個層次，已經「畢業」了。

而這就是所謂的「成長」。

至於還沒有畢業，還在那個「業力」裡面的人，如果他們後來沒有像你一樣往上走，反而是在裡面更加地不負責任地變酸、甚至於變壞——也就是非但沒有往前走，他還往後退了——那麼往後退到一個程度，就會發生我們之前的文章曾經講過的「業力引爆」。

「畢業」的相反，就是「業力引爆」

很多人為什麼會讓自己走到「業力引爆」的那一天呢？就是因為，在人生的過程中，為了面子、為了不甘心、為了種種理由，他給自己藉口一直不去做對的事，也一直不願意去承認那個失敗的自己；然後看到別人走上去了，跟他拉開了距離，他又批判別人自私、勢利，甚至覺得別人只是走運。於是有一天，他的高我就會去「顯化」一個無常，讓那個毫無因應能力的「早就失敗的自己」無所遁形，完全暴露出來。然後在那個慘烈的損失中，他才會真的覺得：「我不要再這個樣子了！」他才會願意真的讓人生轉彎，去做對的事。

不過無論如何，就算是這樣，在神佛的眼裡，這些也都是人成長的「青澀」與「過程」而已，也一樣是有意義的、有價值的。只是神佛會告訴你：人生不是一定要透過這麼痛苦的方式去向上走，如果你願意更負責任地去面對各種你的「心想事不成」，而能夠務實地去覺察、學習、突破，你的人生就會以另一種更喜悅的平行宇宙，一個階段、一個階段地去畢業。

而在這個「一個階段、一個階段地畢業」的過程中，如果有人想用「情」去拉住你，想要你跟他一起留在原地繼續點燈取暖，你就要「只管向前走」。這個「只管向前走」並不是無情，而是你的「情」應該放在每個階段真正可以跟你互相砥礪、互相成長的關係裡，去「門當戶對」才是。因為「掛念」要給予能夠提攜得了的人，才有益處；而「祝福」，應該給予必須要去等待的人。

人生就這樣一直、一直地往更高的層次走，一直、一直地去畢「業」。等你這一生走完了以後，那也是一個「大的畢業」，然後就會決定你的下一堂課，要去哪個世界、哪個家庭、哪條路線去繼續上？是該修的沒有修過，要再重來一次？抑或是已經全部修完，可以更上一層樓了？

輪迴就是這麼一回事。但是愈是一直在往上走的人，他在輪迴中的重複性就愈少。而所謂的「往上走」是什麼意思呢？就是變得「愈寬廣」。高靈說：「愈上面」的世界，是愈寬廣的。就好比你如果上了二樓，你就能夠看到你家旁邊的幾條小巷子有些什麼動靜；你如果上了十樓，你就能夠預見更遠的地方，有些什麼人正要到來；如果上到一〇一大樓的觀景台，你甚至可以看到整個大台北的動態！那你如果繼續上到雲端，你還可以看到整個台灣、甚至可以看到整個地球……

愈上面的世界是愈寬廣的、愈能夠「觀自在」與「預知」的，所以你就會愈有能力去創造、去解脫、去做你想做的事；而你的人生況味，就是更加的自由與喜悅。

階段性的「畢業」，有階段性的「考卷」

人生既然有階段性的「畢業」，也就暗示著，會有各種階段性的「考卷」。

就像學校裡，隨著學期的安排，有各種大大小小的考試：隨堂考、月考、期終考、期末考……到最後還會有個畢業考。人生也一樣的，除了每天有很多小小的隨堂考之外；在流年裡，每三年、十年還會有所謂的「關」——這是更大的「考卷」。

大部分人聽到「考試」都不喜歡，但是這些考卷的目的並不是要去「評斷你」，而是像學校的考試一樣，它們的目的是：讓你透過這些考卷，能夠去清楚自己現在的狀態。也就是說，這些人生考卷真正的目的只是在問你：「你準備好了嗎？」「你準備好晉級下一個階段了嗎？」如果有準備好，通過了這張考卷，你就可以繼續往上走了。

生命給你的很多考卷，都是要讓你了解你現在的狀況，而不是要來為難你的。而你能了解「現在我的狀況」，這就是「覺醒」——也就是這些考卷真正的目的。很多人面對考卷，他的心態都是討厭、抱怨，都是用蒙混的方式去作答的，然後也沒有在裡面好好地去看到自己。那這些考卷就會愈來愈嚴厲，直到他說：「為什麼我的人生會落到這個樣子？」

也就是說，如果小的隨堂考你都是用混的，那生命就只好引發大的「業力引爆」，來引起你的注意了。所以如果你不要讓人生走到「業力引爆」這個點才去學習，請用「感謝＋

反省＝奉獻」（註）這樣的模式，去面對生活中那些小小的考驗與困難，你會發現其實是很容易通過的！並且你還會發現：每一次通過以後，你都會有新的看見與更多的輕鬆感，使你的人生真的是在「天天向上」，一直在通過你之前的「業力」呢！那麼不管你本來在哪個階段，受著怎樣的苦，甚至於已經得了憂鬱症、躁鬱症，也許只要三年、兩年，甚至還更快，你就會突然發現：「我已經完全對過去那個階段的痛苦免疫、完全可以駕馭以前讓我困擾的事情，我畢業了！」

一旦「畢業」，你就回不去了！因為當你回頭看，你是一點也不會想要回到那個耗能、事倍功半、充滿情緒的「過去的自己」的。現在你已經在享受一個更寬廣、更豐盛的生活，你更喜歡現在的自己，誰還會去眷戀以前呢？

所以，無論你現在的位置在哪裡，無論你正在學習的是哪一課，請想想：什麼是你該揮揮手告別的人事物？什麼又是你應該鼓起勇氣走過去擁抱的未來？或許那個在「舒適圈裡」的你還假裝看不清，可是那個想往前走的你，其實是心知肚明的了。

那就去做對的選擇，讓你自己畢「業」，讓自己繼續向前走吧！

（註）請參閱《奉獻》。

☆「活在當下」嗎？你只是沒找到扭轉你未來的那顆按鈕！

「活在當下」是什麼意思呢？多半我們告訴自己「要活在當下」時，比較偏向於「我要停下來珍惜現在、接納此時，不要讓心一直奔波」。這是很好的，相對於汲汲營營的心態，這會讓人逐漸回到「心」，除了獲得滋養，也有助於重新校正生活的方向、釐清生活的重點。

所以當發現自己近來對「活在當下」這句話特別有感覺時，就要知道，其實是自己需要休息了，代表著你想要停下腳步，把生活中的滋養度提升回來。

但是當生活的滋養度提升回來以後，你是會想再出發去創造的，你是會有想要實現的目標的，這是身為一個生命，很自然的意識擴展的天性。只是，很顯然地，當你想要出發去創造時，你的「當下」，就不能再是「放下、漂浮、無為」的意思了；在這個階段，「活在當下」需要有一個截然相反的意義。

「當下」，要當一個「按鍵」去使用，那就是創造版的「活在當下」。

創造版的「活在當下」

宇宙的運轉，原理是「太極」——靠「陰」與「陽」兩個相反的部分，去推動出來的。例如因為有死亡，才能夠有誕生；因為有休息，才能夠繼續活動。陰與陽看似一正一反，可是也就是如此，才能完美互補、生生不息地演化與推動萬事萬物，若只有單一邊，會變成一灘死水。所以「活在當下」，也必須蘊含剛好完全相反的兩種概念，才能順利的推動人生，朝向更高的層次演化。

如果以太極來形容，「活在當下」的「陰性」面，就是心靈書籍常偏重的解釋：放慢、珍惜、享受、漂浮、無為……可是「活在當下」還有個「陽性」面：「當下」，要當一個「按鍵」去使用，讓這個按鍵按下去，事情便朝向你要的目標創造。

很多人一直在實踐陰性面的「活在當下」，缺乏陽性面的「活在當下」，所以就不妙了，因為你只能接納、無為，而無法有好做為。沒錢了，也不知道可以怎樣去賺更多錢，只能說「我就順流、漂浮」；事與願違時，只能說「一切都是最好的安排」；心裡明明有嚮往，自覺遙遠，就說「我可以不需要」；而遇到害你的人，沒辦法將絆腳石化為墊腳石，就說「我要接受發生，寬恕一切」。

艾克哈特・托勒所說的《當下的力量》，即屬於陰性面的詮釋：你可以用托勒的「臨在」，騰出靜靜聆聽你媽媽對你不斷嘮叨的內在空間，並意識到媽媽的「本體」。這確實是可以的，但這只給了解決問題一個好的開始，而不是旅程的終點；因為，在滔滔不絕地勸你快點結婚的一個鐘頭以後（雖然你也無念了一個鐘頭），媽媽看你沒有反對（她沉浸在她的頭腦裡），於是接著說：「那下個星期天記得一定要回家，我給你約好了相親，沒問題吧？」那你怎麼辦呢？你還是要做出反應，去回應這個要求，而不能繼續處於沒有思想的「臨在」，不是嗎？

那麼，在當下被安排相親的那一刻，有什麼表達、有什麼行動，可以逆轉你和母親之間，那個折磨你的模式，讓它通向一個不同的未來呢？有沒有一種當下的反應，是可以導致你們知道彼此的愛，卻又真的讓你獲得自由？

活在有力量的當下

有的，在無限的當下選擇中，確實有那麼一個按鍵，它是嵌入這個情境的最佳文本，它會讓你瞬間脫離原先的模式，創造你要的新局；而看見這個按鍵，就是陽性面的「活在當下」，也就是「活在有力量的當下」。

千手千眼觀世音菩薩，祂的每一隻手，持著不同的法器，一般的認知，是菩薩為了度化千萬類別的不同眾生，擁有千萬種對症下藥的不同法門。這認知在方向上是正確的，但更深入的奧義是：千手所持的不同法器，是表徵在每個當下，菩薩想創造什麼未來，就知道可用什麼按鍵去執行；而「千眼」，則是對眾生的行為背景，擁有「大數據層級」的洞察。

在大乘佛教裡，把這種能力的終極版稱為「遊戲三昧」，所謂「千手千眼觀世音菩薩」，就是有「都可以」的大覺醒，去把每一個當下，全變成創造的機緣；所以一個人修持菩薩道所成的「佛」，是能成就他想設定的淨土世界的，這就是聲聞乘（俗稱小乘佛教）修的涅槃解脫，做不到的境地。

想成為一個菩薩，「遊戲三昧」是必修課程，但就算一般人沒有這個志向，回過頭來，看看自己很多的恐懼、受苦與受困，不正是來自於自己的「當下」，要不是沒有力量，就是積極去做什麼，也總是被頭腦所掌控，愈做綑綁愈多嗎？然而，假如開始去開啟這樣的學習，那麼還不用修到「遊戲三昧」，你已經能夠自我突破，創造更事半功倍、利人利己、自由自在的人生了。

逐步進入這個「當下有力量」的境地，這學習過程叫做「轉識成智」，想往這方向走的人，可以來找老師學習，但是對自己要有耐心喔！遵照老師的引導，在生活中踏實去實修，你會發現，自己真的可以是為未來的自己，創造下一個更恢弘版本的人。

⊙ 作者介紹

章成

靈修導師，資深廣播人，三屆金鐘獎得主。首位受邀於中國銷售第一女性時尚雜誌《悅己 SELF》，開闢人生智慧專欄的台灣靈性作家，連載三年半，大受好評。長年樸素禪修，創辦「心的智慧」課程，及「一對一高層意識通靈諮詢」等，教學風格通解靈性和生活語言，讓學生容易地體會關鍵道理，輕鬆、明亮的修習。著作：《心經》、《地藏經》、《人生最有價值的事，是發現自己在重複》、《都可以，就是大覺醒》、《理念崛起》、《回家》、《奉獻》、《神性自在》、《與佛對話》（以上均為商周出版），《不失去快樂的秘密》、《你就是幸福的源頭》（以上均為天下文化），《絕望中遇見梅爾達》（方智），《一生，至少該有一次說走就走》（我們）、《大自然健康密碼 CD》（風潮唱片）。

部落格：章成的好世界　　臉書粉絲頁：章成

國家圖書館出版品預行編目 (CIP) 資料

愛得聰明，對我們都好：家庭、關係，與處世的智慧 / 章成著 . -- 初版 . -- 臺北市：商周出版：英屬蓋曼群島商家庭傳媒股份有限公司城邦分公司發行 ,2021.03
面； 公分
ISBN 978-986-5482-11-4（精裝）

1. 人生哲學 2. 生活指導

191.9 110002573

愛得聰明，對我們都好：家庭、關係，與處世的智慧

作　　者　章成
責任編輯　徐藍萍

版　　權　黃淑敏、吳亭儀
行銷業務　王瑜、周佑潔、華華
總 編 輯　徐藍萍
總 經 理　彭之琬
事業群總經理　黃淑貞
發 行 人　何飛鵬
法律顧問　元禾法律事務所　王子文律師
出　　版　商周出版　台北市 104 民生東路二段 141 號 9 樓
電話：(02) 25007008　傳真：(02)25007759
E-mail：bwp.service@cite.com.tw
發　　行　英屬蓋曼群島商家庭傳媒股份有限公司城邦分公司
台北市中山區民生東路二段 141 號 2 樓
書虫客服服務專線：02-25007718　02-25007719
24 小時傳真服務：02-25001990　02-25001991
服務時間：週一至週五 9:30-12:00　13:30-17:00
劃撥帳號：19863813　戶名：書虫股份有限公司
讀者服務信箱 E-mail：service@readingclub.com.tw
香港發行所　城邦（香港）出版集團有限公司　香港灣仔駱克道 193 號東超商業中心 1 樓
E-mail: hkcite@biznetvigator.com　電話：(852)25086231　傳真：(852)25789337
馬新發行所　城邦（馬新）出版集團 Cite (M) Sdn Bhd
41, Jalan Radin Anum, Bandar Baru Sri Petaling, 57000 Kuala Lumpur, Malaysia.
Tel: (603) 90578822　Fax: (603) 90576622　Email: cite@cite.com.my

封面設計　張燕儀
印　　刷　卡樂製版印刷事業有限公司
總 經 銷　聯合發行股份有限公司　新北市 231 新店區寶橋路 235 巷 6 弄 6 號 2 樓
電話：(02) 2917-8022　傳真：(02) 2911-0053

■2021 年 3 月 18 日初版　　城邦讀書花園 www.cite.com.tw　　Printed in Taiwan

定價 450 元

 ISBN 978-986-5482-11-4

⊙【轉化人生的藝術】系列單堂課程

為了讓大家能夠接觸到章成老師只在過去的課堂中講授過，沒有在網路文章或實體書中傳遞過的高靈訊息。我們分設十一個主題，分別開設一堂「單堂課」，與有心做更上一層樓的學習的您分享。

您可以只針對任何您有興趣的單一堂課；或其中幾堂課自由報名參加。每堂課的時間都是 1.5 小時，主講的老師都已跟跟隨章成老師學習多年，也會現場與參加者進行問答及討論。

以下列出十一堂「單堂課」的主題，欲報名與了解詳情，請掃描下面所附之 QR CODE，進入網頁查詢。（本課程每月循環，所以這個月某堂課的日期過了，您可以等待下個月再參加。）

〈單堂課主題列表〉

1. 回春之泉——找回青春的心，再被宇宙愛一次
2. 告別貧窮的富貴心法
3. 揮別沉悶，活出人生的甜度——談「正向的整理、負向的整理」
4. 你充電比人家慢嗎？——來學習更有效的休息法
5. 不再逃避，不再憂鬱——給我振奮人生的強心劑
6. 再見！我的無價值感——分辨頭腦和心，活出自己的尊貴
7. 你愈要，愈要不到嗎？——談宇宙的「DNA 反轉法則」
8. 原來我是這樣來地球——談靈魂投生的原理
9. 花若盛開，小人也來——搞對你的吸引力法則
10. 家庭關係的相欠與雙贏
11. 走過幽暗低谷，親手再植夢田——神佛如何幫助一個人

心存善念
福氣綿延